RESET

人生100年時代を生き抜く力

リセットの法則®

オックスフォードタニグチ
ライフリフォームコンサルタント／技術士
東京大学大学院　客員研究員

はじめに

本書は「人生の仕切り直し（リセット）」をコンセプトに、「失意のときを乗り越える」というテーマで、人生の折々を四季のように変化させて楽しむための方法について書いています。自身の価値観と感性を大切にし、人生をリセットすることで自分を最大限に発揮する生き方を提案しています。

また、今の日本は１００年も生き続ける時代になり、働き方改革が浸透し、さらに技術革新が進んで、人生のリセットが容易になってきたという背景もあって本書を書きました。

私は、都立高校を卒業して2年間の放浪生活に入りました。勉強することにすっかり疲れてしまったからです。放浪時には行きたいところを旅し、家で無為な時間を過ごし、本を読んでその世界に浸り、葉山の海で潜ったり、ホンダのバイクで山や川へとツーリングに出かけたりしていました。また、鎌倉の寺に出向いては徒然なるままに散策したり、一日の終わりには瞑想に耽って眠り

についたこともありました。そんなことをしているうちに、なぜか生きること
への意欲が湧いてきたのです。人生は意外と面白いかも知れないと。

そうなると、やりたいことが見えてきます。私は、そのときレーザー光線に興味がありましたので大学の工学部に入学しました。受験勉強などしていませんので補欠合格というのは当然の結果だったと思います。そのうえ、基礎学力などもありませんので５年かけてやっと卒業した次第です。

そして、そんな私でも採用してくれるという関西の製薬会社がありましたので、早々に入社し大阪の工場現場作業員として配属されました。しかし、激務だったので翌年に辞めました。幸い、学生のころから英語には興味があって英字新聞などを読んでいたこともあり、次の職場は難なく見つかりました。

そこでは航空システムの設計に参加して、サウジアラビアやアフリカのマラウイなどに出張しました。それらの経験からさらに技術コンサルタントへと転職して、途上国への政府開発援助（ＯＤＡ）に従事。40年間で延べ１００か国以上を踏査してきました。

ＯＤＡとは平たく言えば援助国をリセットすることです。多くの課題や難題を抱える途上国をいかに改善するかという事業です。そんな業務経験を通じて、この開発手法が人生のリセットにも使えることに気づいたのです。

その援用のベースとなるのは国際協力学という比較的新しい学問体系で、本書ではこの体系から人生における「リセットの法則」を導き出しています。

それには、今の生き方に対する現状分析、つまりどの程度魅力的に日々生活しているかを明確化すること。そして課題や問題があるとすればまず何からどのように捨ててリセットするかという方法、さらにリセット後はどうなるのかというヴィジョンの策定などが含まれます。

当然のことながら、これら対処方法は一人ひとりの個人によって異なりますが、根底には共通する理論があります。それはゲーム理論であり社会的意思決定論であり利害衝突と協調のモデル分析手法などに依拠するものです。

私自身、今日までの人生で放浪生活や激務の職場、がんの罹患、転職、親の介護や死別などさまざまな失意のときを体験しており、そのつど人生をリセットして今があります。

また、60歳の定年を機に人生を仕切り直したい思いから、東大を受験して合格しました。そして、在学後は東京大学の客員研究員としてアジアのがん研究に従事しています。

さらに、がんと診断されたときには治療法もなく余命も宣告されましたが、それから15年以上経った今もいまだ元気で、日々欠かさずに酒を飲みながら「健康」に過ごしています。

どうしてこんなことができたのか？

それは無意識のうちにリセットの法則に従っていたからだと思います。失意という転機こそ絶好のリセットチャンスなのです。

本書を手に取ってくださりありがとうございます。

この本があなたの人生を幸福へと導く指針となれば幸いです。

著者

目次

第2章 「人生の仕切り直し」を〝邪魔〟するものは誰でも捨てられる！

第3章

“苦悩・失意”のときこそ実践したい！「リセットの法則」が人生を変える

第4章

第5章

「人生のリセット」成功のために〝絶対〟に捨ててはいけないこと

第6章

「宇宙観」という視点で人生をリセットすれば〝幸せ〟になれる

第1章

「自分がなりたい人生」はうその自分を〝捨てる〟ことから始まる！

心の声に耳を傾ければ、本当の自分が見えてくる

『リセット』という言葉からあなたは何を感じますか。

「リセット」という名詞は一般的に、機械や装置などを再び始動の状態に戻すという意味で使われています。あるいは、すべてを元に戻すこととか、最初からやり直すこと。また、状況を切り替えるためにいったんすべてを断ち切ること、などの意味で使われます。

本書でいうリセットは「人生の仕切り直し」です。

映画「ローマの休日」をご存じですか。主演のオードリー・ヘプバーン（英国女優）も言っています。「**不可能**(Impossible)**な事なんてないのよ。だって言葉自体が言ってるでしょ、私はできる**(I'm possible)**って！**（Nothing is impossible, the word itself says, 'I' m possible!)」

1945年に先の大戦が終わり、日本が経済的に成長するに至るまでには一つのモデルがありました。

それは、国民が学校教育を受け、企業に就職して結婚し、妻は専業主婦として家事をこなし、夫はひと一倍働きながら妻子を養い、定年後には間もなくお迎えが来ることで、次世代も同じことを繰り返しながら社会が成長するというモデルです。

そうしたモデルは今でもある程度は当然のことのように流布しています。親たちは、わが子の教育においてもできるだけ良い学校へと、将来苦労しないように塾へ通わせたりしているのが現状です。大学を卒業した後にはいわゆる大企業や有名組織に就職することを多くの学生も望んでいます。

そうすることで、まともな社会人というパスポートが得られると思うからです。親たちが生きた時代体験で次世代の子どもたちを導いている多くの家庭がありますし、わが家もそうでした。でも、社会の制度はすでに大きく変化して、**かつての人生モデルなど何の指針にもならないし、むしろ〝害〟にさえなる。**ですので、全く新しい考え方が必要になります。

それが、「人生のリセット」という考え方です。リセットの基本は2つ。

①失意のときがリセットチャンスであること

②失敗がリセットによって成功に向かうこと

ビル・ゲイツ（マイクロソフト創業者）は言っていますが、「**成功を喜ぶのはいいが、もっと大切なのは失敗から学ぶことだ**（It's fine to celebrate success but it is more important to heed the lessons of failure.）」

私が政府開発援助の仕事をしているときには大使館や大手商社や有名メーカーなどとともに国際協力機構（ＪＩＣＡ）として知られる外務省の外郭組織などとの付き合いが多くありました。そこに働く人たちの姿を見ながら、また今振り返ってみると、社会のレールに乗って日々を過ごしている人が大半です。その多くは、決して「なりたい自分」ではないと思いました（自分だったらそのような日々は過ごしたくないと）。

例外もあります。その道の仕事が大好きという人たちです。

こういう人生は幸福で、みな生き生きとしています。私は、東大で多くの教授たちを見てきましたが、ほとんどの先生方は自分の専門領域や研究生活を心底エンジョイしているのです。だから教授になれたのかも知れません。彼ら彼女らは本当になりたい自分になって今を過ごしています。

その一方で、これも私がコンサル会社を定年で辞めるときの経験談ですが、同僚でも辞めない仲間が大半でした。理由を聞くと、「辞めたら経済的に厳しい」とか「家のローンが返済できない」とか。あるいは、「辞めてしまったら毎日することがなくなる」など。そんな状態になるくらいならば定年延長で勤められるまで会社に居たほうがましだという判断なのです。そこには、**「なりたい自分」よりも「働かなければならない自分」**が台頭しています。そんな社会情勢のなかで、コロナというウイルス（virus）が我々社会の矛盾や問題を浮き彫りにしてくれました。

コロナで分かる自分

あなたはコロナをどう過ごしましたか？

世界的なコロナの広がりによって、日本も経済の低迷やそれに伴う企業の倒産や失業問題、移動の制限による自由の制約、学校休校での授業不成立、医療の崩壊危機、人々との物理的／心理的距離の拡大など、多くの深刻な課題が出てきました。一方で、街は静けさを取り戻し、電車や道路も空いています。テレワークのおかげで家族が一緒に過ごせる時間も増えました。

思えば、時の政権が掲げた経済最優先という政策への警鐘がこのコロナによってもたらされたというのが適切なのでしょう。今までの生活のほうがむしろ異常だったということです。「一億総活躍社会」とかいう政府のスローガンがありましたが、いってみれば死ぬまで働いて税金を納めなさいということです。

また、政府が勧める「ワークライフバランス」にしてもコロナのほうがよほど強力なメッセージ効果があるし実行力があります。為政者よりもウイルスのほうがよほどの知恵と政策力を持っていることが分かります。


人生のリセットは、このようにコロナによって社会制度の矛盾が炙り出されたときにこそ絶好な考え方です。なぜならば、自身のリセットを望むと望まざるとにかかわらず、社会からの圧力が人生の仕切り直しを求めてくるからです。不謹慎な言い方かも知れませんが、私はこのコロナによる当面の社会変容を歓迎しています。その理由は、それ以前に抱えていた国際社会の課題を大きく解決してくれる可能性があるからです。

環境問題。コロナのおかげで航空機は大幅に減便となり、列車の運休も顕著です。車にしても、ゴールデンウイークや週末の渋滞がなくなりました。人々の往来が減って空気もきれいです。さらに及んで、CO_2の排出も大幅に減ることで地球の温暖化にも効果があると考えられます。

あるいは資源問題。経済活動の減速によって原油価格が下がりました。これは日本の物価を押し下げる効果がありますから、輸入品はより安く購入できます。そして、それは原油に限ったことではなく、国際公共財と呼ばれるグローバルな経済や、交通通信網、あるいは平和や公正などにも、社会的に望ましい水準に近づける効果があると考えます。

このように、コロナによって昨日まで当たり前にできていたことが今日からはできなくなるという状況は、我々の心の声が聞きやすい環境を作ります。

なぜって、今までの**「日常が非日常」になり「常識が非常識」**になって、家庭や学校や職場で見えにくかったものが見えやすくなるからです。

コロナリセットのチャンス

「リセット」は、いま置かれている好ましくない自分を自ら変えて人生を仕切り直すというのが主旨ですが、コロナのように自らが望まなくても自身を変化させざるを得ない状況下でも役に立ちます。

そのような**苦境のときに、いかに自分をリセットすればいいのでしょうか。**

まずは「苦境に陥った原因」を考えます。コロナのせい！　なんて言わないでください。その原因を「あなたの中に見つける」のです。

経済活動がほぼ停止されれば職を失う人もいるでしょうし、移動の自由が制限されれば通勤や通学に代わって通信網でのワークや授業になるでしょうから、通信ネットの扱いにも精通する必要が出てきます。コロナショックで何らかの負の影響を受けた人たちは、それ以前の生活に「余裕」がなかったのです。日々の生活に無理があったということです。それを、コロナが明確に示してくれたということになります。

それならば、これを機に昨日までの自分を仕切り直してみてはいかがでしょうか。

明日食う飯もないという人もいるでしょう。そのような方が「政府に頼って何とかしてほしいというのは無理」があります。マスク一枚満足に国民へ配布できないような政府へ期待すべくもありません。

コロナの状況で必要なのは物流や医療物資、テレワークを支える通信網、家でのエンターテインメントが可能なコンテンツの配信など。そこには大きな需要があるでしょう。コンビニやスーパーにも求人がありますので、**今ある需要に職を求めてみてはいかがでしょうか。**

引きこもりはどうでしょう。内閣府によれば全国におよそ１００万人いるそうです。考えてみれば分かりますが、引きこもるということは国がある程度平和で、そこそこお金がある親がいないとできないことです。コロナによって頼る親の経済状態が厳しくなれば、引きこもってなんかいられないでしょう。そこには、生きる力を取り戻す人もいるでしょう。**コロナで人生をリセット**し得るのです。

コロナで職を失ったり学業を断念しなければならなかったりという場合には**「モラトリアム」という選択肢**もあります。モラトリアムとは広辞苑に「人間が成長して、なお社会的義務の遂行を猶予される期間」とありますが、平たく言えば社会のレールからいったん離れて自分を考え行動する期間のことです。

私の場合は、高校を卒業して2年間のモラトリアムがありました。旅に出たり、本を読みあさったり、瞑想に耽る。まあ、親からの経済支援があったからできたのですが、その期間がなければ、今の自分は、自分でも望まない人になっていたことでしょう。

「なりたい自分」と「うその自分」を見分ける

今のあなたはなりたい自分ですか。仕事や生き方に魅力を感じていますか。

ほとんどの人は、生まれると同時に社会のレールに乗って生きていくことになります。学校教育一つ見ても、保育園や幼稚園、小中学校から高校、そして大学へと。将来なりたい自分とか、就いてみたい職業といった夢や希望を抱きながら、教育という社会の制度に浸かっていきます。あたかも、自身が望む目的地に向かっている列車に乗る乗客のように。

はじめは目的地が漠然だった人も、同乗する人たちから影響を受けて次第にゴールが見えてきます。両親や友達、先生や読んだ本などによって。周囲からの影響を受けて感化され、なりたい自分を思い描く。ここまでは美しい。

ここで、思い描いた自分に全員がなれれば良いのですが、社会の制度はそれを認めない場合があります。将来医者になりたいと思う若者が医学部を目指して勉強する。結果、めでたく合格する人は少数です。医学部の定員数を国が制限しているのと、医学部ブランドというだけで、本来医師という職業以外に適している受験生までも、高偏差値の医学部を志望する傾向にあるからです。その結果、偏差値には疎いが医師に向いている受験生は不合格となり、別の仕事に就いて「本来なりたい自分ではない自分で過ごす」ことになります。

これは医者の例ですが、他分野でも同じことが言えるでしょう。志望する学校に入れなかったとか、望む職業に就けなかったとかいう人が大多数ではないでしょうか。そして、それは学力が多少足りなかったり、希望就職先との縁がなかったりという理由で自らを諦めモードにして、ある程度我慢しながら日々を過ごしているのです。

今まではそれでもよかった。大卒の場合ですと人生60年時代の就労期間は35年程度で、その後は年金暮らしという人もかつては多かったでしょう。私の父は大正生まれでしたが、55歳で定年を迎えた後はお迎えが来るまで孫たちと楽しく過ごしていました。

でも、**「人生が100年」となると話は異なります。**就労期間は約50年となり、しかも年金制度もどうなるか分かりません。そうなると、人生の節目に合わせて生き方の方向性を自分の選好と社会の変化に沿って変えていかないと100年間も身が持ちません。

コロナのような社会状況の変化や自身が失意の状態に陥ったときこそ、なりたい自分が見えてくるリセットチャンスであり、うその自分を捨て去る絶好の機会なのです。

本当の自分になるか、ならないか

世の中がコロナによって大きく変わりました。日本だけでなく世界中が。あなたの環境変化はどうでしたか。学校ではインターネットによる授業を模索し、職場でもテレワークへの移行が進みました。外出の自粛や感染防止のための社会的距離の確保など。結果として、劇場や交通機関にしても、今までのような座席配置は変わるであろうし、満員電車は過去のものになるでしょう（私はこの変化をとてもありがたいと感じました）。

このように**急激な社会変容があったからこそ自身の生き方への気づき**があったはずです。今までは「疑うこともなく」通っていた学校や「当たり前」のように通勤していた職場。遠隔授業やテレワークになると、自身の価値や社会での役割が分かります。

「自分の価値」を知ることが、なりたい自分とうその自分を見分けるポイントです。

それは何も学校や職場に限ったことではありません。外出が制限されれば家庭にいて家族と過ごす時間も当然増えます。そんなときに、家庭内で問題が生じるのか良い方向へとシフトするかはあなたの「過去の過ごし方」とこれから「どう過ごしたいか」によって決まります。これはコロナに限ったことではなく、それ以外の失意のときでも同じです。

また、すでに失意の状態であった人がこのコロナ禍に見舞われたときは、その精神的ショックがいくばくかは想像に余りあります。そんなときでも、今までの過ごし方とこれからどう過ごしたいかという自身への問いは変わりません。第3章で述べますが、このリセットの法則は、**「過去もこれからの生き方で変わる」**という点に特徴があります。


人生100年の間には何度リセットしても構わないわけです。リセットのたびごとに一層なりたい自分に近づくことができますから。なりたい自分というのは、そうなって過ごしているうちに再び変わるものです。それは自身が成長したことと社会の変容があるからです。

したがって、**「なりたい自分というのは流動的」**なものなので、その時々の自身の心境や社会の制度に応じてリセットする必要があります。

コロナによってなりたい自分への気づきがあったならば、それが本当の自分です。今まではは何となくくすぶっていた心の声が聞こえたということです。それでは、心の声を聞いたらどうすればいいのでしょうか。せっかくチャンスが訪れたのですから、「マスタープラン」を描いてみましょう。詳しくは第3章で述べます。

うその自分は捨てる

社会人のあなたは、今の仕事が楽しいでしょうか。私は、高卒で2年間放浪生活をし、大学の工学部に進み、留年の末やっと卒業して製薬会社の工場作業員として採用されました。そこ以外に雇ってくれる企業はなかったからです。激務でしたので先のことは考えずに1年で辞めました。当然、楽しい仕事なんかではありません。うその自分を捨てたのです。

辞めてすぐに中途採用の募集があることを就職情報誌で知り、さっそく応募したところすぐに採用されました。大手の電気メーカーで航空システムの設計に従事することになったのです。なぜこんな芸当ができたのか。それは、自分が中学時代から英語が得意で、英字新聞や英語雑誌を読んでいたことが幸いしました。

当時、メーカーはこぞって海外進出を進め、私も入社1年もしないうちにサウジアラビアへの出張を命じられたくらいです。その後はアフリカやアジアへの出張を繰り返し、メーカーには結局9年ほど勤務し、それは実に楽しい期間でした。このように過ごせたのは、英語というある意味での得意分野を持っていたからに他なりません。要は、捨てるということは、「捨てた以上の潜在力を持つ」ことが必要なのです。

また私の例なのですが、メーカーを辞めて技術コンサルタント会社に転職しました。その会社は政府開発援助を日本で最初に手掛けた企業で、そこからのお誘いがあっての転職です。そのとき、私はすでに9年間の技術経歴がありましたので、コンサル企業はそれが欲しかったのです。後は定年になるまでコンサルを続けましたが、とても豊かな時間を過ごすことができました。なお、メーカーを捨ててコンサルに持って行った土産は技術です。

このように、**「普段から自ら好きなことができる環境に身を置く」**ことで、次になりたい自分への目標が明確になってきます。そして、次への土産もだんだんに大きくなっていくものです。リセットとは何も「自分だけのためにあるのではなくて、周囲をも巻き込む行為」なのです。あたかも、自分と周囲との関係がwin-win（両者が有利）であるかのように。

うその自分は捨てる必要があるのですが、自分勝手に捨てるのではなく、**周囲を気遣った捨て方**があります。私がメーカーを捨ててコンサルに転職したときには、メーカーが求めていたコンサルとの関係強化、それにコンサルが欲していたメーカーからの技術を双方に橋渡しをしています。捨てる際の礼儀作法については第5章に書きます。

リセットなくして人生100年時代などあり得ない

前述までは「本当の自分」とか「なりたい自分」について述べてきました。本項ではなぜリセットすることが人生に必要なのかをお話しします。

前項で社会のレールについて触れ、学校教育→就職→結婚→子育て→引退という社会モデルが今でもあることを述べました。そのモデルを社会のレールと言ったのです。一方で、学校に行かなかったり、職業に就かずに引きこもったり、ずっと独身で過ごすこともあるでしょう。その人たちはすでに人生のリセットをした方々です。さまざまな理由で自らをリセットしています。

では、社会のレールに乗って日々を過ごしている人たちについてですが、本当になりたい自分の生き方なのでしょうか。

レールを走っている多くの人は社会モデルに寄り添うほうが無難だからという考えだと

思います。それは、人生60年時代ではよかったのですが、100年時代となると話は異なってきます。**人生の途上で方向性を大きく変えないと「100年の間に息切れ」してしまう**からです。すなわち、途中でリセットが必要になります。

また、引きこもりの人たちはどうでしょう。すでに自らリセットしたまではいいのですが、その後のプランや課題や分析など一連の流れに乗る必要があります。

その方法は第3章で細かく述べますので参考にしてください。

100年というスパンは結構長いです。

この間には学校でのいじめ、職場でのハラスメント、社会での競争、家庭での不和、自身の病気などさまざまな出来事が起こります。そのたびごとに対処することになるわけですが、そのときの感情ややみくもな判断で対処するのは問題が生じます。

人生をリセットするという意味は、「より良い方向に向けての仕切り直し」であって、その結果が以前の状況に比べてより良くなっているということです。そのためには、改善に向けての一連の流れがあって、それを本書ではリセットの法則と呼んでいます。

この法則は、国際協力学という比較的新しい学問体系を援用しています。その中には、ゲーム理論や社会的意思決定論、利害衝突と協調のモデル分析手法などが含まれます。

私が、途上国への政府開発援助（ＯＤＡ）に従事するようになり、40年間で延べ１００か国以上を踏査している間に、国や地域への開発手法が我々一人ひとりの人生リセットにも応用できることに気づきました。

ＯＤＡとは平たく言えば国を丸ごとあるいは部分的にリセットすることです。多くの課題や難題を抱える国をいかに良くするかという開発手法を、人生の生き方改善に当てはめたにすぎません。さらに、本書が提案するリセットは、「人生の折々を四季のように変化させて楽しむ」ための知恵も伝えます。自身の価値観と感性を明確にし、**人生をリセットすることで自分を最大限に発揮する生き方**を提案したいのです。

１００年間にはいろいろ起こる

人生１００年の間に何が起きると考えられるでしょうか。学生生活、社会人生活、家庭生活、老後における生活という人生一連の流れにおいても勉強、昇進、格差、育児、生きがいなどに関わる多くの課題に遭遇します。そのたびごとで上手に対応できればよいのですが、自分なりの考えで対処しても、あるいはしようとしても成功しないことが多いと思います。そんなときに、人生の仕切り直しを助ける手法がリセットの法則なのです。

この法則は10の手順にまとめています。詳しくは第3章に譲りますが、**人生の仕切り直しが必要と感じたときには、まずは「チャンス到来」と思う**ことがスタートポイントです。

次に、「マスタープラン」を作ってみます。そして、自身の置かれている状況を深掘りするための分析を行う。さらにいくつかの手順を経て最後は、人生の忘れ物を取り戻す状態に至ってリセットの一連の流れが完了します。

リセットの方法は個々人によってさまざまなので、自分にふさわしくかつ実行可能な設計にします。

コロナのような、好むと好まざるとにかかわらずリセットせざるを得ない状況にも遭遇するでしょうし、大地震や大型台風などの自然災害にも出会うことがあるでしょう。思いがけずに病気になることもあります。容易に治る病ならば問題はありませんが、死に至る可能性がある場合もあります。そのとき、どう対処したらいいのでしょうか。

自身のことだけならまだしも、親が老いて介護が必要となったときや、子どもたちの成長段階で問題が起きた場合には、そちらへの対処も必要となります。私も、52歳のときに自身が血液の進行がんと診断され、60歳のときには母親が認知症になって幻聴幻覚による夜中の徘徊などを経験しました。そんなとき、人生のリセットなどと思いつく余裕もなく、なすがままに過ごしていたという記憶があります。

ただ、私の場合には何かしらの「直感」があって、対処すべき方法を自ずと知っていたのだと思います。その直感は、おそらくＯＤＡで身につけた体感というか身体感覚によって会得したものであり、途上国に暮らす人々から学んだ知恵であると考えています。

人生リセットの方法はいろいろあるでしょうが、その方法を体系化したのが本書で言うリセットの法則です。やみくもに次の道を選ぶより、成功事例から学んだほうが失敗は少なくなります。

１００年というのは1世紀です。歴史も時代も変わります。日本史でも応仁の乱とか明治維新など、国をリセットしたときが数多くありました。国の将来を大きく変えるようなときが。また、人生では人の将来を大きく変える出来事のひとつに不治の病があります。そんな罹患をしたときにはどうすべきでしょうか。

がんに罹ったらどうする?

コロナの報道でもそうでしたが、多くの専門家が登場してそれぞれの意見を述べています。政府も、専門家の意見を踏まえて今後の決断をするわけですが、専門家がどれほどのものなのでしょう。私も、自分自身が技術専門家として各国政府への助言や提言をしてきましたので、専門家の程度は知っているつもりですが、自然界の脅威や社会の思惑の中で、専門家たちの発言は自身のフィルターを通して聴く必要があります。

「あなたの直感のほうが正しい場合が多い」からです。

あなたが体調不良で病院に行き、検査の結果「がんと診断された」とします。この場合の専門家は医師ですが、治療法を医師から提案されたとき、あなたはどう判断しますか。手術、化学療法、放射線治療あるいはそれらの併用が保険適用での標準治療です。または、代替療法での自由診療という選択肢もあるでしょう。あなたはどれを選択しますか。

私の場合、52歳のときに都立駒込病院で血液の進行がんと診断され、主治医からは3か月以内に仕事の整理をして抗がん剤治療を始めることを提案されました。結局3か月間の思案の末、治療しないという選択をしました。

いま振り返ると、そのときには本能的に自分をリセットして良い方向に導いたと感じています。失意をチャンスに変え、本来の自分に気づきを与えるのがリセットの法則なのです。おかげで、進行がんと診断されてから15年以上も「健康に」過ごしています。私が、そのときにしたことは、マスタープランすなわち今後の**「人生における設計図」**です。

がんを病とするならば、その特異性は死に至るまでに時間があるということです。リセットする時間を持てるという意味で幸いな病です。なお、私はがんを病気だとは考えていません。病気にしてはその罹患率と発症率が高すぎるからです。しかも、がんは加齢とともに増えていきますので、生物の老化に伴う自然現象と見るのが妥当です。

また、がんの治療効果は5年生存率とか10年生存率という指標で表しますが、治療して5年間あるいは10年間生存していればがんは治ったと呼んでいます。6年目に亡くなっても治ったことになります。

ですので、**治療というより延命**と言ったほうが正しいのです。しかも、闘病中の生活の質（QOL）が治療によって下がってしまうようでは何のための治療なのでしょうか。

がんに罹ったらどうするか。がんを境にその前の人生を振り返り、リセットの法則に沿ってその後の人生プランニングをしてみてはいかがでしょうか。

人生途中には大胆な寄り道、休息、癒やしがないと続かない

いま我々は人生100年時代とともに、社会の変化が激しい時代を生きています。私は、箱根駅伝を見るのが好きで毎年沿道に行って小旗を振っています。駅伝は、たすきを次の走者に渡しながら全区間を完走します。全区間を人生に例えると、たすきを渡すタイミングがリセットのときに該当します。ただし、渡す人も渡される相手も自分なのですが。

ジョン・レノン（ミュージシャン）の言葉を借りれば、「**考えを巡らせてあれこれ計画を立てている間に、いろいろなことが起きてしまうのが人生なんだ**（Life is what happens to you while you're busy making other plans.）」です。つまり、我々が日々考えながら生活している間にも、いろいろなことが起きるということ。それが、失意のときであったり、不意な出来事であったり、あるいは幸福な瞬間であるかも知れません。

そんなときに必要なのが、**人生の大胆な寄り道、休息、癒やし**です。あなたは、今日ま

での人生でどんな寄り道をしてきましたか？　学生であれば休学。会社員であれば休職などです。休学とか休職と言うと何か後ろめたさが伴う言葉で、ランナーに例えれば一歩も二歩も他の走者から遅れをとってしまうようなイメージがありますが、自身のペースで完走すればいいのです。

ですので、**周囲と自分を比較することなしにマイペースな寄り道**をしてはいかがでしょうか。旅に出るのもいいでしょうし、読書三昧や音楽を聴いて過ごすのもいいでしょう。学生であれば自身の都合で休学することは容易ですが、会社員の自己都合による休職は多くの場合難しいかも知れませんね。病気の療養などであればともかく。それであれば、辞めればいいのです。社会の中での自分はある意味での「イメージ（像）」にすぎない、と私は考えています。つまり、イメージと本当の自分とは違うということです。イメージが先行すると自分との乖離(かいり)が生じます。なりたい自分と今の自分（イメージ）との差がなければ、今リセットする必要もありません。

まだ眠っている可能性がある

多くの場合、自分の可能性に気づいていないことがほとんどです。その気づきを与えてくれるのが、人生の寄り道です。新幹線で一気に目的地まで行っても、通過した街の情景は分かりません。途中で「降りて」、その地域を歩いて、出会った人々と会話することで、何か新たな気づきがあるでしょう。自身に秘められた「可能性」を感じる瞬間です。

人生も同じこと。社会のレールに乗って目的地（立身出世や社会的地位）を目指し特急列車のごとくに邁進すると、人生途上の背景が見えにくい。大切なことを見過ごしてしまうことが多い。こうなると、自身固有の可能性を発揮するよりも、**周囲への忖度（そんたく：他人の心中をおしはかること）が優先して、本来の自分を見失う**ことになります。

可能性を見つけるのは実に簡単。社会のレールから一度下車することです。すなわち、リセット（仕切り直し）です。しかも、これは自分の意志だけでできます。下車した後は、何をするのもあなたの自由です。次なるゴールに向けての準備もできますし、過去を振り返っての不足を補う時間にも使えるでしょう。

自分の「可能性」なんてやってみなければ分かりません。私の場合、『兼高かおる世界の旅』というテレビ番組が私の小学生当時に放映されており、自分もいつかは外国に行きたいと強く思ったものです。それは、私が社会人になりたてのころにサウジアラビアへの海外初出張という形で実現しました。以後、延べ１００か国以上のビジネストラベルをしてきて自身を存分に発揮しましたが、**可能性というのは「あることが実現される条件が、それを妨げる条件よりも優勢であると確認されていること」**（広辞苑）なのです。したがって、まずは行動することで眠っている可能性が分かります。

逆に言えば、行動しなければ自身の可能性には気づかないということです。そして、途中下車を躊躇させるのは、プライドかも知れません。

プライドか、ブランドか

プライド、それは「自分の才能や個性、また、業績などに自信を持ち、他の人によって、自分の優越性・能力が正当に評価されることを求める気持ち」（日本国語大辞典）です。**プライドが強いと、人生の途中下車が難しくなります。**当然ですね。途中下車したらすでに持っている誇りや自尊心までもなくなってしまうかも知れないのですから。

人生が順風満帆に進んでいるときは、プライドも強く台頭する傾向があります。そして、そのプライドは時として傲慢に推移することが多くあるのは、世間を見れば分かります。プライドを悪とは思いませんが、プライドを適正に保つことは案外難しい。そのようなプライドであれば、執着するよりも自身のブランド化に努めてみてはいかがでしょうか。

「ブランド」という言葉からあなたはどんな印象を受けますか。**ブランドとは、あなたの価値でありアイデンティティー（個性）**です。何気なく普段生活していると、あなたのブランドが見えてきません。お決まりの人生レールから離れるとそれがよく見えてきます。

人生の成功者になりたいと多くの人が望むと思いますが、ドイツ生まれのアルバート・アインシュタイン（物理学者）が言う次の言葉が心に響きます。

「**成功者を目指すのではなく、価値ある人になりなさい**（"Try not to become a person of success, but rather try to become a person of value."）」。かく言うアインシュタインは、大学受験の失敗、家族との別居、離婚と再婚、自身の病気と息子の死などの失意のときを経験しています。その後日本を含む各国を訪れて最後はアメリカに移住しました。

ノーベル物理学賞まで受賞したかのアインシュタインこそ成功者と思われますが、彼の目指したものは**人生の「価値」**でした。

アインシュタインも人生途中にいくつかの寄り道をしており、それが彼の価値観、世界観、そして宇宙観を築いたと思います。

あなたも、リセットという人生の寄り道、休息、癒やしを体験してください。

敷かれた人生のレールから途中下車する

先にも書きましたが、社会にはすでに敷かれている人生のレールがあります。生まれてからは、**幼児教育→学校生活→社会人活動→定年後**といったような流れです。その流れに沿って多くの人々は生活しており、そこから外れることをしないのが普通です。私は、そのレールから外れろと言っているわけではありません。今のままでいいかどうかを考えてみてはと提案しているのです。

途中下車の方法はいろいろあるでしょうし、人によっても異なります。下車の理由も「あなた」自身に由来するもの、「家庭」に原因があるもの、あるいは「学校」や「職場」に起因するものなどとさまざまです。これらの場合のように問題を感じている場合のリセットは比較的容易ですが、感じていないときの仕切り直しは簡単ではありません。

例えば、大企業とか一流会社と呼ばれている組織で働く人を考えてみましょう。

大企業にいて幸せ？

そのような組織に入るまでには多くの努力が必要です。学校でよい成績をとり、有名大学に合格し、採用試験をクリアして初めて企業の一員になれるのです。そして、それはゴールではなく、社会人生活のスタートであり、そこから競争が始まります。業績によって組織から評価され、辞令一枚でどこにでも勤務する。そんな働き方に疑問を感じるまでもなく辞めないのが一般的です。

入社までの苦労と辞めた後の自分のことを考えると簡単にはレールを外せません。

このように、**寄らば大樹の蔭状態にいるとリセットの必要性は感じにくくなります**。でも、考えてみてください。仮に将来、社長になったとします。それが幸せなことなのでしょうか。もちろん、それが幸福という人はそれでいいし、何も組織を去ることだけがリセットでもありません。組織に属しながら仕切り直すことだって十分にできるわけですから。ただ、時には今の自分の生き方が満足かどうかを考えてみてほしいのです。

私の周囲にも次のような形でリセットした人たちが身近にいます。

❶コンサル会社を辞め大学の先生になった人

❷商社マンから国際機関に転身した人
❸建設業界から保険業界へ移った人
❹鉄道車掌から英語の会社を起業した人
❺証券会社のロンドン勤務を経て英語のトレーナーになった人
❻フランスのブランド企業を退職して色彩心理の専門家になった人
❼リクルート会社を去って自分のコンサル会社を立ち上げた人

などさまざまです。彼ら彼女らと直接話をして分かることは、共通して**「リセット後に情熱」**があります。なぜでしょう。それは、次のウォルト・ディズニー（ディズニー社創業者）の言葉に集約されています。

「**追い求める熱意さえあれば、我々の夢はすべて達成できる**（All our dreams can come true if we have the courage to pursue them.）」。そうです。彼ら彼女らは**リセットしたことでなりたい自分という夢を実現した**からです。だから当然情熱を持って今を生きています。

下車するか、しないか

このように、**下車するかしないかの判断は「情熱」にあります**。今の生活や仕事に情熱を感じていればそのままでいいし、感じないとかむしろ不満があるというときは一度途中下車して、心の声を聞きながら過ごす時間を作ってみてはいかがでしょうか。

私の場合にも途中下車した【きっかけ】と、それに伴って【捨てたもの】がありました。

❶【高校卒業】をきっかけに【進学】を捨てた
❷【激務】をきっかけに【職業】を捨てた
❸【病気】をきっかけに【治療】を捨てた
❹【定年】をきっかけに【仕事】を捨てた

なお、下車のタイミングとリセットは通常同時に起こります。そして、そのときの下車判断はその後に向けての情熱によるものです。

それでは、情熱はどう作るのか。それは、**情熱というのは「行動する」ことで芽生えるもの**であるという理解がまず必要です。なりたい自分が思い描く未来と今の自分との間に差があって、かつ今のままではその思い描く未来を達成できないと気づいたときに、その差を無くそうという「行動」が生じます。つまり、行動なくしては情熱も湧いてきません。

ここでいう行動が、途中下車でありリセットのことなのです。なんの行動もしないで、**情熱が突然湧き出すことはまずない**でしょう。

ただ捨てるだけではダメ。ヴィジョンを描いて捨てる

前項で、情熱を持つには行動が必要と書きました。それでは、行動するためには何が必要なのでしょうか。それは、「ヴィジョン（未来像）」です。あなたがこれから思い描く未来像です。ただ単に今の自分が嫌だからと言って現状を捨てれば、それは逃避にすぎません。そこには将来の希望や夢はありません。ただ捨てるだけではダメなのです。

要するに、**ヴィジョン→行動→情熱**、という順番です。では、ヴィジョンはどこから来るのでしょうか。まずは、以下5企業の事業ヴィジョンを参考にしてみてください。

✔Amazon「インターネットを通じてすべてのものが買えるお店を作る！」
✔Google「普通の人々にコンピューターを届ける！」
✔Facebook「人々がグローバルコミュニティを形成する糧となる社会基盤を提供する！」

✔Apple「未来を作る！」
✔Twitter「全人類への普及を目指す！」

もうお分かりですよね。はい、ヴィジョンとはあなたの「信念」なのです。あなたが信じている心の軸です。もっと言い換えれば、あなたが**「心から達成したいと願う未来」**のこと。ですので、ヴィジョンがあればそれに向けての行動が生まれ、それによって情熱が芽生えます。まずはあなたのヴィジョンを描いてみてください。

私が東大生になった理由

私が東大に入学したのは定年間際の還暦前でした。そのときのヴィジョンは、「アジアにいる途上国の人たちに医療での協力をする！」でした。私は、52歳のときに血液の進行がんと診断され、これといった治療法もないままに生き延びていたことと、それまでにしてきた途上国への政府開発援助との思い出が重なり合って、日本が位置するとりわけアジアの人々に何かをしたいという強い思いがありました。

東大を選んだのは、国際協力学の専攻があることと、家に近かったことが理由です。

東大には学生として結局5年間在籍し、在学後はアジアのがんをリサーチしている東大の研究室に招かれることになりました。自分の「ヴィジョン」を東大進学という「行動」に移し、それが次第に研究という「情熱」に推移していった例です。東大進学を思い立ったときに捨てたものは定年後の仕事ですが、未来へのヴィジョンを持って捨てています。

ハリー・ポッターシリーズの著者J・K・ローリング（作家）の言葉を思い出してください。

「**世界を変えるのに、魔法は必要ありません。私たちの中に、必要な力はすでに存在するのですから**（We do not need magic to change the world, we carry all the power we need inside ourselves already: we have the power to imagine better.）」

そうです、**あなたを変える力もあなたの中に「すでに」存在している**のです。その力をヴィジョンによってまずは描き出すことなのです。

そうすれば、次の行動は自然に付いてきますから。

なりたい未来を文字で書く

ヴィジョンが描けたら、それを「文字に書いてみる」ことが重要なのでお勧めします。アメリカの研究で、将来なりたい自分を思い描いた人たちを2つのグループに分け、漠然と思い描いたグループと文字に書いたグループとを調査して、10年後の結果をまとめた論文があります。その結果、両者には有意差があることが分かりました。さらに言うと、文字よりも**自分の想いを肖像写真にする**とその効果がより早く表れることも分かっています。

そういえば、昔の王様や貴族たちが自分の肖像画を部屋の中に飾っていたのを目にします。日本では自分の肖像画や写真を家の中に飾るという文化はあまりありませんが、欧米では比較的一般的に見られることです。その絵や写真には、なりたい理想の自分が描かれており、それを日々見ることで自身を理想に近づける心理効果が働くからです。

また、今のビジネス界でも、経営トップの顔写真をホームページに載せている場合とそうでない場合とで、企業経営の差が大きく出ることも知られています。

なりたい自分について、文字で書いたり肖像にしたりすると、漠然としたイメージがより鮮明な姿になって自身でも認識されるようになります。そうなると、いま抱えているものを捨てるという意味が明確になってきます。むしろ、なんでそんな不要なものを後生大事に持っていなければならないのかという疑問すら湧いてくるはずです。

本項では「捨て方」についてごく簡単に書きましたが、捨てることがより容易になる方法があります。

それは、先端技術を使うことです。特に、最近の通信技術や人工知能などの技術です。

5G、IoT、AIの技術進歩を使うとリセットしやすくなる

すでにご存じでしょうが、これらの専門用語を今一度おさらいしておくと次のようになります。

✓**5G（5th Generation）**は、「第5世代移動通信システム」のことです。２０２０年はこの実用化が始まる時期で、５Ｇには高速大容量、高信頼・低遅延通信、多数同時接続という3つの特徴があります。リセットに関連していえば、リモートワークが一般化することで、職種にもよりますが、家に居ながらの業務がより円滑になります。

✓**IoT（Internet of Things）**は、「モノのインターネット」のことです。この技術によって、離れたところにあるモノ、例えば家にある家電や職場の事務機器、工事現場や農園など、自分の居る位置から離れた場所にあるモノの状態を知り遠隔での操作ができます。この技術を利用すれば、移動して状態を監視したり操作したりする必要性

が大幅に軽減されます。

✓ＡＩ（Artificial Intelligence）は、「人工知能」のことです。これは、人間の頭脳によって考えられることと、我々の頭では処理できない膨大な量のビッグデータとを掛け合わせることで、学習・推論・認識・判断など人間の知能も持ち合わせたコンピューターシステムです。

さて、これらの技術がすでに利用できる今、これを人生のリセットに追い風として活用することはまさに時を得たりという感があります。

技術とリセットは相性がいい

前述した5G、IoT、AI（以下、「令和の神器」と呼びます）はどのように人生リセットに活用できるのでしょうか。学校と職場について考えてみましょう。

学校は、先生が生徒を教える場所でした。小中高、そして大学でもそうです。先生が先生として教えることができるのは、先生が生徒たちよりも、より多くの知識や経験を有しているからです。ここで考えたいのは、令和の神器を使える今、先生の役割は何なのでしょう。知識はネットからふんだんに得られるし、経験にしても一人の先生よりも多くの人たちから学ぶことがネットを介してできます。そうなると**教師の役割は、生徒を教えるというよりも、情報の調整役、すなわち学生たちに対していかに最適な学習情報を紹介することに**なるでしょう。

いま、学校での問題として「いじめ」や「不登校」などが話題になっています。仮に、令和の神器によって、学校に通う頻度が週に1～2回程度で済むとすれば、かかる問題の発生は大幅に減ります。

また、職場での話題としてマスコミを賑わすのは、「パワハラ」、「過労死」、「精神疾患」などです。これらはある意味で当然ですね。経済成長を旗印に戦後の企業文化がそれらを助長してきたからです。私も企業の現役で働いていたころ、「猛烈社員」とか「24時間働けますか」といった栄養ドリンク剤の宣伝などをよく耳にしました。でも今は違います。令和の神器が使えるからです。

あなたが**人生のリセットをしようとするならば、今は好機**です。技術環境があなたを後押ししてくれます。

技術でリセットの仕方も変わる

それでは、技術を利用してどのように自分をリセットしましょうか。ここでは遠隔学習を含めた授業、テレワークによる仕事の分散、家庭内での調和について考えてみましょう。

❶「遠隔授業でリセット」する

家や自宅以外からネットを介しての学びはすでに可能になっています。学校側の授業コンテンツ内容や学生側のネット接続環境の課題はあるものの、それらは徐々に解決可能です。学校でのいじめや不登校という状況のリセットは「遠隔授業」で大きく改善できます。

❷「テレワークでリセット」する

毎日朝晩、満員電車で通勤し、社内や組織内での成果やノルマを求められれば誰しも疲弊します。在宅勤務で代用できる仕事であれば職場からのストレスは減り、精神や体力を過度に消耗することは防げます。ハラスメントや過労など、職場で起きやすい問題は「テレワーク」でかなりリセットできます。

❸「家庭をリセット」する

遠隔授業やテレワークを導入する前までは、学校や職場に通学・通勤して外出するのが当たり前でした。家に居ながらにして学習や仕事ができるようになると、家庭内での様相は一変します。住まいのレイアウト、家族関係、家事の分担、育児など。遠隔授業やテレワークを使えば、どこに居ても住んでも生活の自由度が上がるのでリセットがしやすくなります。

本項では5G、IoT、AI技術を活用してのリセットについて書きましたが、AIで最先端の学会としてアメリカの人工知能学会である「AAAI」やカナダの「NeurIPS」、スウェーデンの「ICML」などが有名です。これらの論文を読んでみると分かるのですが、AAAIが2020年6月に発表した記事（On Crashing the Barrier of Meaning in Artificial Intelligence）は人と人工知能との共存について論じており、NeurIPSは2019年にAIによる人の学習について書いています(Multimodal Model-Agnostic Meta-Learning via Task-Aware Modulation)。

日本でもテレワークが浸透しつつありますが、学校も、家庭も、そして職場も最新の技術を使うことによって、人生のリセットがしやすくなる環境に我々は今いるということです。

リセットで成功する人と失敗する人には違いがある

リセットする際のヴィジョンの必要性についてはすでに述べました。リセットした人たちの例も前に紹介しましたが、ここでもう一人の例を紹介します。彼女は、私がプロジェクトマネージャーでイラクの戦後復興時に日本政府からの開発援助で巡り合った子育て中の派遣社員でした。プロジェクトの終了後、待望していた「国境なき医師団（ＭＳＦ）」に採用された彼女には強烈な将来ヴィジョンがありました。

一方、当時私が勤めるコンサル会社に旧帝国大学の修士課程を卒業して入社した社員が居り、私が調査団長の東部メコン地域プロジェクトに配属されました。彼にとっては入社自体がゴールであることから、彼の目標はすでに達成されているためにその後のヴィジョンもインセンティブ（目標に向かっての刺激や誘引）もありません。

この二人と接して感じることは、未来へのヴィジョンがないと人生の仕切り直しであるリセットなどできないということです。余談になりますが二人の結末は、彼女はMSFをも辞してさらにベルギーの企業の開発マネージャーになっています。以前、ベルギー大使館での会合でお会いしましたが、何と輝いていたことでしょう。一方の彼は、その後間もなく会社を辞めて地元の九州に戻ったと聞いています。どのようにリセットしたかは知る由もありませんが、将来ヴィジョンなき人生リセットは難しいと思います。

ヴィジョンのないリセットは無理

前述のとおりヴィジョンのないリセットは無理です。リセットしたい場面にはいくつかあります。その理由が、あなた自身に由来するもの、家庭によるもの、学校や職場からくるもの、社会の制度に起因するもの、将来不安が原因であるものなどとさまざまです。

「片づけコンサルタント」として活躍している近藤麻理恵さんと、東京の神楽坂であった集会でお目にかかったことがあります。会話の中で、**「捨てることは、自分の価値観をはっきりさせていく行為」**という言葉が印象的でした。「自分の環境に自信を持つ！」という明確なヴィジョンが強く伝わってきます。彼女は、モノを捨てることによるリセットですが、私の提案は人生仕切り直しのリセットです。

話は戻りますが、リセットしたい場面であなた自身に由来するものは、怒り、欲望、嫉妬、エゴなどがあります。また、家庭によるものとしては、親子関係、妻と夫、住まい、家事、育児などが考えられます。では、どんなヴィジョンを持てばリセットがうまくいくのでしょうか。それは、近藤麻理恵さんも言うように「自信が持てるヴィジョン」です。それは、あなたの心から聞こえてくるヴィジョンです。

人生のリセットをしようとしてもうまくいかなかった人には以下の共通点があります。

- ✔組織への依存度が強すぎる人
- ✔プライドが高すぎる人
- ✔自己主張が強すぎる人
- ✔出世にこだわり続ける人
- ✔常に不平・不満を言う人
- ✔将来への漠然とした不安を持っている人

謙虚にして、社会への感謝を忘れないこと。これがリセットの始まりです。

第2章

「人生の仕切り直し」を〝邪魔〟するものは誰でも捨てられる！

❶「あなた」自身の性格や感情、思考が邪魔している

⬇怒り、欲望、不和、不義理、嫉妬、プライド、エゴイズムを捨てる

日々の生活を営んでいる間に何らかの問題が起きたとき、あなたは「その原因を自分以外のせい」と考えることが多いのではないでしょうか。

本項では、その原因を今一度立ち止まって冷静に考えたとき、「自身に原因があるかも知れない」という側面からとらえてみましょう。

「怒り」が生じたとき、そこには怒る何らかの対象があるはずです。食事や買い物に行って店員の対応が悪かったとか、電車の優先席にスマホで話している若者がいたり、歩道を平然と走って来る自転車があったりと。日常で感じる怒りの場面はよくあることです。

「欲望」はどうでしょう。こんな物が欲しい、あの大学に入りたい、この資格試験に合格したい、彼/彼女を自分のものにしたいなどさまざまであり、欲望の対象がやはりあります。相手があることですから、これら怒りや欲望の対象を自分で思いどおりにすることは

難しいですが、**自身が抱くそれらへの怒りや欲望は、自分でコントロールできます。**

「怒り」や「欲望」はあなたが作っている

怒りを感じた場合、あなたはどう対処するでしょうか。アンガーマネジメントという方法もあります。この方法は、怒りが深刻な問題にならないようにうまく制御し管理することです。例えば、リラクゼーションや呼吸運動などによって。でも、怒りがこみあげている最中で、そんな悠長なことができるとは思えません。

私は、**本人の「寛容さ」が必要**だと考えます。

欲望に対しても然りです。欲望は周囲と比較することで生じることがほとんどです。隣家の子が有名大学に合格して自分の子がそうでなければ、何らかの劣等感を感じ、それが欲望という名のステージへと発展します。これは、他者と比較するからです。

また、同僚が先に管理職に就いて自分が未だのときには嫉妬を感じ、それが欲望に変わります。このように、怒りや欲望は他との比較によって生じるのです。

私が長年、政府開発援助の仕事をしてきた途上国の調査で気づいたのですが、ここにも国家間の比較によって生じる怒りや欲望があります。つまり、先進国（developed country）とか途上国（developing country）とかに区別して国にレッテルを貼っています。ここで、途上国と呼ばれた国々の対応が分かれます。

❶「なぜわが国を途上国と呼ぶのか」というある種の怒り。

❷「途上国であるならば先進国になることを目指そう」という欲望。

❸「途上国のままで構わない」という反応。

結果は次のとおりです。❶のケースは、こちらから援助を申し出ても相手は当然断りますから、現状からの改善はありません。❷の場合には、追い付こう追い越そうでインセンティブはあるのですが、目標に達するまでには自ずと自国でも痛みが伴いますから、ゴールの途中で挫折することが多くあります。❸は、自我自流で周囲との比較がありません。この場合、「先進国を目指したところで、そのころには先進国はさらなる先進国になっているので、永遠にそれは超えられない」という考えに帰着します。

つまるところ、他と比較して行動するよりも、自分流で泳ぐということで、実に悠然としていてある種の「寛容」さを感じます。

これが我々の生き方に当てはまるわけです。自分の周囲に怒りを覚えたり、他者と比較した欲望を抱いたりするよりも**「自身の寛容さを培う」ことがリセットする最良の解決策**なのです。そのためには、怒りや欲望をまず捨てて寛大になることとです。

他者を許し、受け入れることです。

不和、義理、嫉妬は誰のためにもならない

不和は仲がわるいこと。不義理は義理（正しい筋道）を欠くこと。そして、嫉妬は自分より優れた者をねたみそねむこと。これは国同士の関係でも表れます。

途上国に対する開発援助を行う際には調査団を組織します。日本が援助する側で相手国が支援を受ける側ですが、両国が良好な関係で援助が推移するとは必ずしも限りません。援助の途中で不和に陥ることがあります。例えば、相手国が望む開発の方向性というのがある一方で、その方向ではうまくいかないと日本側が思う場合、当然のことながら両者の間で議論が生じます。

話し合いの中で双方の溝を埋めていく努力をするわけですが、個々人が好き勝手なことばかり言っている間は、溝は埋まりません。相手は国ですから意思決定のプロセスが必要になりますが、それは「譲歩」です。不和は相手への理解が足りないことから起こるので

まずは譲歩が必要なのです。

国同士でも意見が対立した結果どうしても合意に至らないというケースがありますが、その場合は「中断」という選択肢もあっていいと思います。個人間では「別れる」ということです。**譲歩が無理ならば関係を断てば、不和はなくなります。**

義理についてはどうでしょう。義理を果たすとか果たさないとかよく言われます。義理人情とも言いますが、義理と人情とは別物です。義理は「交際上の関係から、いやでも務めなければならない行為」で、人情は「慈しみや情け」ですので無関係です。逆に、不義理とは相手に対して「何がしかの返礼を怠ること」といえます。

であるならば、「いやでも何がしかの返礼などしなければいい」のです。義理などはさっさと捨てるに限ります。

嫉妬について考えてみましょう。嫉妬とはいわば「やきもち」です。その気持ちは、あなた自身が作りだしている感情です。あなたさえ冷静でいれば嫉妬という心の動きは生じません。私は、嫉妬が日本の学校教育にも一因があると思っています。小学校から高等教育まで、生徒をランク付けします。良くできる学生とそうでない子。成績優秀な人と偏差値が低い人とかに。

そもそも、人に優劣はありません。「人それぞれの個性をあたかも優劣でランク付け」しているのが今の社会で、それは幼児期の学校教育から始まります。成績表で「優」「良」「可」という点数がつく場合には優の学生は優越感がありますが、可の生徒には優の学生に対しての嫉妬が生じます。

私も、東大の学生時代（還暦からですが）に各履修科目での成績をもらいましたが、他の学生の成績など分かりませんから何の嫉妬も生じるはずもなく、他との比較がなければ嫉妬もありません。**怒りや欲望と同様、自分を他と比較しなければ何の嫉妬も生じない。**

プライドもエゴイズムも自身の中にある

プライドとは「誇りや自尊心」のことです。プライドはある面で必要ですが、人生で多くの場合マイナスに働きます。ある面というのは、プライドを持つことによって、本人が所属する組織内でのインセンティブも向上するので、組織を構成する人々のプライドによって、その時期や時代にあるべき対応や文化が形成できることです。一方、プライドのマイナス面は、各人のプライドがぶつかり合うケースです。

あなたが大企業に入社したとしましょう。それによってあなたはプライドを感じるはずです。そこで、プライドを持つ多くの人たちが一つの組織にいる場合に何が起きるでしょうか。前述したように企業全体のインセンティブは高まります。

しかし、よく考えてください。あなたは企業と同一な存在ではありません。あなたは個人です。企業のインセンティブが高まったところであなたの価値はいかほどのものなのでしょう。組織のインセンティブよりもあなたのそれが重要です。**そんなプライドは捨てると、心は軽くなります。**

国同士でも同じです。米中対立の原因を作っている一つが国家間のプライドです。

エゴイズムは「利己主義や自己中心主義」のことです。自国ファーストというのもある種のエゴイズムです。昨今はこのエゴイズムの台頭が目立ちます。個人も然りです。では、なぜエゴになるのでしょうか。それは自己防衛本能によるものだと私は思います。誰でも、全員に物資が等しく分配されないとか、食料が不足するとか、このままでは助からないと思えば自分を最優先して行動します。つまり、エゴは本能なのです。

自然界の動物たちを見ても分かりますが、食うか食われるかの環境下では利己的にならざるを得ません。

ただ、我々人間は社会を形成していますから、個々人がエゴイストでは社会は成り立ちません。そこで、必要になるのが「寛容」です。寛容の涵養が必要なのです。そのためには、エゴを捨てることです。

逆説的に感じるかも知れませんが、まず捨てるのが先です。

エゴを捨て去れば寛容さが自ずと醸成されます。試してください。

本項では、怒り、欲望、不和、義理、嫉妬、プライド、そしてエゴイズムについて考えてみました。以下、まとめです。

- ✔怒りや欲望の感情は自分でコントロールできる
- ✔「自身の寛容さを培う」ことがリセットする最良の解決策
- ✔譲歩が無理ならば関係を断てば不和はなくなる
- ✔義理でいやでも何がしかの返礼などはしなければいい
- ✔自分を他と比較しなければ何の嫉妬も生じない
- ✔プライドは捨てると心が軽くなる
- ✔エゴイズムを捨て去れば寛容さが自ずと醸成される

❷「家庭」という共同体が決心を揺るがすこともある

⬇親子関係、兄弟姉妹、妻と夫、住まい、育児、家事、教育を捨てる

「家庭」という言葉にあなたはどんなイメージを持つでしょうか。多分、「家族が一緒に生活する場所」という回答がいちばん多いと思います。問題はその家族にあります。家族がみんな仲良しならば何の問題も生じませんが、不仲になるといくつかの問題が起こります。そんな場合でも家族だからと言って仲の悪い関係のままでいると、家族の関係性だけでなく、家という場所やそこで営まれる育児や家事、子どもたちの教育にまで影響が及びます。

本項では、家族がそのように不仲な関係に陥ったとき、家庭という概念に縛られることなく行動することを考えてみます。

家族の関係は「奉仕」で成り立っている

そもそも、家族とは何でしょう。広辞苑によれば「夫婦の配偶関係や親子・兄弟などの

血縁関係によって結ばれた親族関係を基礎にして成立する小集団」だそうです。簡単に言えば血縁のない夫婦同士と血縁がある親子の集まりですね。場合によっては、夫婦の両親も同居しているかも知れません。私の場合は親子3代が同居していました。

夫婦だけでも常に良好な関係を保つのは難しいのに、まして子や親が加われば関係はより難しくなります。そこで、漫然と家族との関係を保つのではなく、それぞれが相手への**「奉仕」として付き合えばお互いの関係は変わってきます。**奉仕とは献身的につくすことです。では、何のために？

その答えは簡単です。夫婦間でしたら愛情を継続させるため。子に対してでしたら愛らしさがゆえに。親に対してならば育ててくれた恩返しです。つまり、自己の利益を顧みないということです。

普通は自然とそのような関係になるのですが、そうならない場合も昨今は多いようです。親子、兄弟、夫婦の関係が悪化している場合には、家庭という体裁にこだわらないで、関係を断つという方法があります。

親子関係を断つには「戸籍の分籍」があります。これは、親子関係を法的に解消することができない代わりに、縁切りという心理的な効果があります。兄弟関係の場合には、子が6歳になるまでの間に民法が定める「特別養子縁組」が成立する場合には、兄弟関係を断つ結果になります。夫婦の場合は「離婚」です。

できれば、そうならないといいのですが、関係を断たなければならないときには**家庭という縛りにとらわれず、捨てることが必要**だと感じます。捨てた後で、縒（よ）りを戻すこともあるわけですから。

住まいは無いほうがフットワークは軽い

家族が共に生活するためには家庭という居場所が必要です。それは家であり住まいのことです。私の場合、途上国での開発援助の仕事に従事していた関係から、国内にある「自宅」に家族と長期間連続して暮らすことは稀でした。もちろん自宅には妻や子どもたちや両親が住んでいましたが、父親不在に近い状態でした。

そんな私が、海外を転々として生活しているうちに、定住場所のないことがいかに身軽であるかを感じました。

所有物としての自宅があると、それによって行動が制限されます。もし、今の家が「お荷物」になるようならばそれは捨てたほうがいい。捨てるにしても、賃貸住宅なら明け渡せば済みますが、戸建てとなるとかなりの粗大ごみになるか不動産屋に売るしかありません。**自分のライフスタイルに合わせて住む場所や住み方を変えて**みてはどうでしょう。首都圏の狭小な家に住み、混雑する通勤電車で通い、職場で皆と顔を合わせて仕事をするという時代はすでに去りました。郊外でも農村地帯でも住みたいところに居を構えてのテレワークだって可能になっています。

家からのテレワークとは多少異なりますが、イラク戦争終了後の2004年から各国の支援で戦後復興事業が立ち上がりました。私も日本からそれに参加した一人なのですが、セキュリティーの関係でイラクに入国せずに復興建設プロジェクトを実施するという異例の状態で私は通信施設の復旧を担当し、苦肉の策でイラクの隣国ヨルダンに事務所を構えて遠隔プロジェクトを行いました。

完工までに通算で13年かかりましたが、施設は復興しました。「国際的な建設プロジェクトでも遠隔でできるんだ！」と完成のときには思ったものです。であれば、テレワークなどできて当たり前です。もし、家族関係が希薄な中で家庭があり、一緒に家に住んでいるのであれば、その家にこれからも住み続ける意味は薄いと言えます。そのような状況であれば、家も捨ててしまうほうがいいと思います。

育児、家事、教育は楽しい

育児について考えてみましょうか。まずは、子育てができる幸せです。

誰でも子育てができるわけではありません。独身で生涯を過ごす人、結婚しても子宝に恵まれないカップルなどさまざまなケースでは育児のチャンスはありません。育児は「育自」でもあると私は思います。子育てから学ぶものが多くあるからです。育児がたいへんと思っているあなたには、まず**育児ができる幸福を実感**してほしいのです。

家事はどうでしょう。家の掃除や洗濯、料理など、やることはたくさんあります。でも、それらの家事は苦痛や面倒を伴ってやることではないような気がします。むしろ、楽しんでやることなのではありませんか。

私の場合、定年後は執筆など家で過ごすことが多くなりましたが、四六時中書いてばかりいられませんので、この**家事が実によい気晴らし**になります。

教育、ここで言う教育は子どもたちに対する教育のことです。学校での教育や家での教育がありますね。最近の傾向として、子どもを塾に通わせている親を多く見かけます。それは、将来子どもに苦労をさせたくないという思いで、できるだけ良い学校、良い就職を望んでのことなのでしょう。

でも、そのような教育は親子にとって楽しいことなのでしょうか。子どもにとっても親にとっても楽しいとは思えません。塾帰りと思われる子どもが大きなバッグを背負って夜の電車に乗っていたり、親も塾の成績に一喜一憂したりするなど、疲弊すると思います。

そのような状態ならば、いっそのこと公立の学校教育だけで十分ではないのでしょうか。**子どもにとっては、勉強よりも遊びが重要**です。「老いてこそ学べ」ばいいのです。「遊べ」でもいいですが。以下、本項のまとめです。

- ✔家族の関係は「奉仕」で成り立つ
- ✔住まいは無いほうがフットワークは軽い
- ✔自分のライフスタイルに合わせて住む場所や住み方を変える
- ✔育児ができる幸福を実感する
- ✔家事はよい気晴らしになる
- ✔子どもにとっては勉強よりも遊びが重要

③「職場」にはびこる悪習、しがらみから逃れられない

⬇パワハラ、昇進、肩書、人事評価、激務、人間関係、定年を捨てる

あなたにとっての「職場」とは何でしょう。一匹狼でできる仕事はありませんから、同じ組織の人たちや関連する人たちとの人間関係で成り立っている場が職場でしょう。その場は、とても楽しい場でもあったり、自己を実現するために必要な場であったりもします。生活の糧を得る場でもあるでしょう。

一方、組織を運営するためには必ずヒエラルキー（序列）があるので命令系統が生じます。この序列が、職場にまつわるさまざまな課題に発展してしまうことが多いのです。

本項では、職場での捨てるものについて考えてみましょう。

職場は「貢献」する場所

職場は序列の空間ですから、何らかの上下関係が生じます。ハラスメント（優越した地

位や立場を利用した嫌がらせ）は当然起こり得ます。昇進だって、序列の中に居れば誰しもより上の立場になりたいと思うでしょう。

その序列は、肩書となってレッテル化され、その肩書は人事評価の証しです。そのプロセスにおいては、多少の激務でもこなすという構図が見えてきます。

あなたは、職場あるいは仕事に何を求めていますか。

収入やキャリアアップでしょうか。そこで、考えたいことは、あなたが与えた労働の対価として収入や経験を得る、という論理です。

私は、職場は貢献の場、すなわち対価を求める場所ではないと思っています。「対価を求めずしてなんで働けるか」という声が聞こえそうですね。

それは、職場とあなたの関係をwin-winにする必要があるからです。その関係にならないと仕事はうまくいきません。

“Give and Take”という言葉がありますが、まずはあなたから与える。そうすれば、それ相応の見返りがあるものです。

先にもらおうとするから問題が生じるのです。職場は貢献する場所ですから、まずは与えることです。

では、あなたは職場に何を与えられるのでしょうか。

次のようなものが考えられるでしょう。

✧あなたが今やりたいと思っている希望

✧あなたが他者よりも得意としていること

✧あなたの鋭い感性

✧あなたの優しさ、など。

これらは、必ずしも経験を積み重ねて得られるものでもなく、今のあなた独自のものです。これらは、あなたが職場に提供できるものになります。

それでは、職場からあなたは何を得るのでしょうか。一言で言えば信頼関係です。この関係が得られれば、職場を捨てるなどという気持ちすら起きません。本項で言う「職場を捨てる」という意味は、あなたの職場への貢献を考えるということです。

肩書なんかよりも資格

組織内での序列がある以上、何らかの肩書が必要になります。

部長とか課長とか。当たり前のことですが、そのような**肩書は組織を去ったとたんになくなります。**

私のケースで恐縮なのですが、自分もかつてはそのような肩書に就いていたことがありました。ただ、当時の私はすでに「技術士」という国家資格を持っていましたので、「〜長」というタイトルへの固執や執着は、全くといっていいほどありませんでした。**肩書よりも国や国際社会が評価するタイトルのほうが利用価値は大きい**と思ったからです。

考えてみてください。あなたの上司と呼ばれるような人が業務で役に立つ公的資格を保有しておらず、あなたはすでに有資格者であったとします。そんな場合、組織内での肩書や役職など意味を持ちません。

あなたのほうが社会的／国際的によほど通用する人なのですから。**肩書など求めることをやめて、有益な資格を取るほうがよほど賢明**です。

では、資格はどうすれば取れるのでしょうか。

それは、あなたの周囲にいる有資格者の考えや行動を真似ることが最初です。同じ資格であるならば、有資格者たちには共通する考えや行動パターンがあります。まずは、その位置に自分を持って行く必要があるのです。それプラス、**時代を見る目が必要**です。資格試験である以上、問題を出題する人がいるわけですから、出題者も時代を見ています。

なお、ここでは資格を強調しましたが、肩書を捨てるには資格だけが重要と言っているわけではありません。ここでいちばん述べたかったのは、**組織にぶら下がっていると肩書を捨てにくい**ということなのです。

いま自身が置かれている立場や状況に対して、何らかの心の声が聞こえてくるのであれば、組織を離れて起業するのもよし、別の組織や分野に入り込むのもいいと思います。

大きな企業に勤務する人や国家公務員などと話をしていて、彼ら彼女らの組織と自身の関係に満足している人に出会ったことはありません。そこでは組織が前面に立ってしまうからです。会社であれ公務であれ、そこでの**主役はあなたであることを見失うと職場は単なる労働空間**でしかなくなります。

以下にまとめてみます。

✔肩書は組織を去ったとたんになくなる
✔肩書よりも国や国際社会が評価するタイトルのほうが利用価値は大きい

✔肩書など求めることをやめて有益な資格を取るほうがよほど賢明
✔資格取得には時代を見る目が必要
✔組織にぶら下がっていると肩書は捨てにくい
✔主役が自分であることを見失うと職場は単なる労働空間でしかなくなる

定年！ 待ってました

職場を去る都合のいい方法が「定年」という制度です。定年の一日前に辞めても自己都合退職となって退職金も減ります。ですので、定年というのは従業員にとって極めて歓迎すべき制度です。今の風潮として、定年年齢は延長される傾向にあり、働ける限り働けというのが政府の考え方ですので。

しかし、そうなると定年というリセットチャンスを逸してしまいます。
ですので、なるべく早く退職して次なるチャンスに出会ってみてはいかがでしょうか。早期退職の募集があれば迷わずに応募すべきです。なにも、その機会を待つまでもなく、辞めようと思えばいつでも辞められますが。

そこで、辞めて何をするかです。やりたいことがあるから辞めるのであって、今の仕事が嫌だから辞めるのではありません（そのような場合もありますが）。

私の場合も、60歳の定年時に、そのときの仕事が嫌だから定年退職したというわけではありませんでした。実際、当時抱えていたプロジェクトは自分の定年に合わせて完了してくれませんから。

したがって、辞めてからもアルバイト程度にプロジェクトには関わりつつ、東大の学生としてキャンパスライフも楽しんでいました。AかBかを選択するのではなく、両方との関係性を保ちながら軸足を置くバランスを調整すればよいだけのことです。


本項では「職場」に関する捨てるものについて考えてきましたが、最後にひとつ。それは、都会の組織でも農村の集落でも同じだと思いますが、あなたがその仕事に従事する「必然性」は何かです。

つまり、あなた以外の人が同じ仕事をしてもあなたほどにはできないという要素や性質のことです。なんだか哲学めいた話になってきましたが、要は今の仕事はあなたにしかできない仕事であるという自負と認識が、職場には必要ということです。

そのような思いで日々の仕事をこなしていると、自ずとそうなります。

④「社会」の理不尽さが、進むべき道をふさいでいる

⬇離別、病気、介護、格差、学歴競争、常識、不平等を捨てる

私たちは社会のなかで生活しています。ですので、当然のことながら社会からの影響を受けます。社会にある不合理や不条理も私たちに影響します。

本項では社会生活には避けられない離別、病気、介護、格差、学歴競争、常識の概念、不平等について触れながら、それらを捨てるとはどういうことかを考えてみましょう。

社会は理不尽なもの

理不尽、つまり道理（そうあるべき筋道）に合わないこと、は社会の側面です。離別、例えば、家族の死、夫婦間の離婚、親しい人との別れなど。病気にしても生きている間には誰でも罹ります。介護にしても社会の格差や学歴競争、常識という名の非常識、不平等は今の社会に溢れています。

つまり、**社会は理不尽なもの**なのです。

その理不尽さがゆえにあなたの判断を歪めていないでしょうか。

「安全」「安心」な社会？　そんなものはない

最近よく、安全安心な社会という言葉を耳にしますね。あなたは、そんな社会があると思いますか？

本項で例を挙げている離別、病気、介護、格差、学歴競争、常識、不平等はすべて安全安心と表裏一体の関係にあります。ちょうどコインの裏と表のように。

離別、病気、介護、格差、学歴競争、常識、不平等を捨てるには、安全安心という考えを捨てることなのです。コインの片方がなくなれば、もう片方もおのずとなくなります。

途上国支援の仕事をしながら感じたことですが、一つの課題を解決しても暫くするとまた次の問題が生じます。人間生活に当てはめてみると、離別は、人との仲が悪くなって別れる場合や死別のケースもあります。これらはやむを得ないことであって、コントロールは不可能です。

病気はどうでしょうか。罹りたくなくたってなるときはなります。

介護は？　親だってだんだんと歳をとりますから、介護も必要になるでしょう。

格差にしても、人類史上で格差のない社会などあったためしはありません。

学歴だって、学歴があるから競争が生まれます。

学歴については、かつてイヴァン・イリッチ（1926年ウィーン生まれの哲学者）が『脱学校の社会』で書いています。**「すべての人に等しい学校教育を受けさせることなどはできない」**と。近ごろ日本の傾向として、親が子どもたち何人を医学部に合格させたなどということが話題性を持つようになっています。特に東大医学部だと話題性の価値が上がるようですが、それも一つの学歴競争の負の結果なのでしょう。


最近のコロナ禍でニューノーマル（新常識）という言葉を聞くようになりました。これも変です。**コロナ前がアブノーマル（非常識）**だっただけなのに。

不平等にしてもそうです。そもそも、平等な社会など理念の中でしかあり得ません。確かに、平等な世の中を築こうとする活動はとても崇高なことだと思います。ですが、今の社会は反対の方向に向いていています。

そこで疑問が出てきます。**理不尽なのは社会か自分か**という問いです。これは、自然界を見れば答えが出ます。動物たちも植物も極めて利己的に生きている存在です。人間も然りで利己的という本能がプログラムされています。

我々にそのような利己的本能がある以上、理不尽でない社会を構築するためには、相当なバイアス（反対方向の力）を自分自身にかける必要があるのです。

さて、本項で述べた離別〜不平等を捨てることをまとめると次のようになります。

✔社会はそもそも理不尽なもの
✔「安全」「安心」な社会、そんなものはない
✔人類史上で格差のない社会など存在したためしはない
✔すべての人に等しい学校教育を受けさせることなどはできない
✔コロナ前がアブノーマル（非常識）だっただけ
✔理不尽なのは社会か自分かを問うてみる

本項の結論として、「社会」の理不尽さを捨てるには、社会に対する自身の見方を変えることです。

5 「将来」の不安、先が見えないことに悶々とするばかり

⬇老い、年金、終の棲家、生きがい、認知症、孤独、死への恐怖を捨てる

いったい、自分の将来に不安のない人が居るのでしょうか。

歳をとれば老いに対する不安は当然ですし、若者たちだって年金を将来もらえると思っている人はおそらく少数でしょう。

終末をどこで迎えるかとか、定年後の生きがいをどうするとか。認知症になったらどうしようか。孤独や死に対する不安もあるでしょう。

これらの問題を引き起こすキーワードは「将来」という言葉にあります。それを「今」に変換すればあなたの課題の多くはなくなります。

つまり、**「現在」をどう過ごすか**によってあなたが将来に抱いている不安を解消することができるということです。

アンチ・エイジングという錯覚

老いについてですが、アンチ・エイジング（anti-aging）という言葉をご存じでしょうか。「心身の老化を少しでも抑え、できるだけ若さや若々しさを保つこと」だそうですが、antiは「抗」という意味ですから、アンチ・エイジングは抗老化になります。

それにしても、老化に対抗することなどできるはずもなく、自然に任せる他にはありません。ただし、食事や運動や気持ちの安定を心がけて「健康に老いる」ことは必要だと思います。

老いてくれば仕事もできなくなりますから年金が頼りになりますね。高齢者が増えて人口が減少すれば年金も当然減ります。当たり前のことです。

なお、私が多くの途上国で知ったのは、年金制度があるだけでもましだということです。

そんな制度すらない国も多くあります。

個人の健康に対する国の政策とは関係なく、**自身の生きる哲学があなたのライフスタイルの根幹**です。

終の棲家は地球

終の棲家はどうでしょうか。最期を迎えるときまで生活する場所ですが、それは「地球」です。どこで死んでも地球にいる限り同じです。

自宅で死ぬか、病院で死ぬかという選択はあるでしょう。

でも、どこで死んでも**終の棲家は地球**です。

認知症、孤独、死に向けての生きがいとは

死に向けて日々の時間が刻まれるにつけ、当然ながら終着地までの生き方は気になります。ここでお伝えしたいことは、死は点ではないということです。

直線をイメージしてみてください。その直線上にある一点が死であって、その前が生でその後が死のような感覚です。

でも、これって変です。ある点を境に生前と死後が突然分かれるような見方ですから。

そもそも**死は老いに向けての「変化」**ですから、年齢を増すごとに死への領域が徐々に増えていくことです。

そう考えれば、我々は生まれた瞬間から死と共存していることになります。そして、死の領域が次第に増えて、あるときに生の部分がゼロとなり、死の領域が１００％になるということです。

ちょうど氷を思い浮かべてみてください。

生まれたばかりの赤ちゃんが氷だとします。その氷はだんだんと解けて最後は水になります。この水になるときが死です。そのときまでには認知症になったり、孤独のときを過ごしたりすることもあるでしょう。

将来への不安は、当然訪れるであろう未知なる恐れから来るものです。そんな恐れは、今すぐ捨てましょう。

以下が本項のまとめです。

- ✔現在をどう過ごすかで将来の不安が解消される
- ✔自身の生きる哲学があなたのライフスタイルの根幹である
- ✔どこで死のうと終の棲家は地球
- ✔死は老いに向けての「変化」

第3章
〝苦悩・失意〟のときこそ実践したい！「リセットの法則」が人生を変える

法則1

転職は、絶好のリセットチャンス

あなたは転職組ですか、それとも終身雇用組ですか。私は、2回転職したあと定年後は学生になり、そして研究者になりました。ですので、転職の効用がすこぶる分かります。なぜ「転職が絶好のリセットチャンス」なのでしょう。

それは、**転職によって人生環境が大きく変わる**からです。そこで疑問が湧きます。良い方向に変わるのか、悪い方向に変わるのかという疑問。その答えも簡単です。必ず良い方向に変わります。

理由は、**あなたが望んで転職する**からです。

今の職場が嫌で転職するにせよ、もっと良い職場が見つかったから転職するにせよ、結果は同じです。なぜならば、いずれも転職という行為によってすでにリセットが完了しているからです。人生をリセットすることによって、**悪い方向に向かったという例を残念な**

がら私は知りません。

こんなエピソードがあります。私が政府開発援助の仕事をしていたとき、大胆に国の現状をリセットした途上国がありました。ネパールです。首都のカトマンズは標高１４００メートルに位置し、空港は四方を山に囲まれた盆地の中にあります。そのため、天候が悪くなると、しばしば山にぶつかって墜落する航空機が後を絶たない現状がありました。

飛行機の管制はパイロットと空港の管制官が音声無線でやりとりしながら、航空機を誘導するという旧式な方法でしたので、飛行機がどのあたりを飛んでいるのかは、リアルタイムでは分からないのです。

そこで彼らはレーダーを導入するという思い切った決断（リセット）をしました。ただし、これは簡単にはいかない。自然界で言えば、さなぎが蝶に変わるようなものです。でも、それは実現しました。到底無理だと思っていたレーダーは導入され、今では安全な飛行が実現しています。

人も同じことです。**どうせできないとか、転職したところで苦労するだけなどという不安が先立ってしまい、リセットのチャンスを逸しているのです。**

転職するか、しないか

転職には自身の判断が伴います。当然迷います。

私の場合ですが、最初の職場は重労働の工場作業でしたので、自ら去りました。次の職のあてもなく、とにかく辞めました。幸いに次は大手の電気メーカーに仕事があり、航空システムの設計に従事していました。とても満足度の高い仕事でしたので、その次の転職など全く考えてもいませんでした。

ところが、あるとき、技術コンサルタント会社から声がかかりました。熟考の末コンサルになりましたが、いま思うとそれは私にとっての大きなリセットチャンスでした。もし、そのチャンスを逃していたら研究者としての今の自分がないことは断言できます。

転職するかしないかの判断基準や考え方は、次項の法則2以降で書いていますが、手っとり早く言えば、今の仕事が楽しいかどうかです。

いやいや仕事をしているようではリセットチャンスすら訪れません。楽しくもなく、苦痛である職場であれば、さっさと辞めればいいのです。辞めたときがリセットチャンスなんですから。

次のことは考えない。今を考えることが重要です。

なお、**リセット（この場合は転職）は人生の環境を大きく変えるパワー**を持っています。

私の知り合いで、柔道整復師がいました。いわゆる「接骨院」や「整骨院」などで働いていた人です。彼女はいったん退職したのですが、大学院に行って博士になり、今は大学教授という立場です。人生のリセットが大きな力を有している例だと思います。

転職するかしないかで迷うよりも、せっかく来たリセットチャンスに乗ることのほうが次の人生が展開します。

転職が絶好のリセットチャンスなのは、それによって人生の環境が大きく変わるからなのです。環境が変わることによって、次の新たな環境が芽生えてきます。その環境は、さらに新たな環境を築いていきます。

転職で変わる人生環境

転職がリセットチャンスである理由はもう一つあります。

それは、人生の方向性が変わることです。もちろん、転職しなくても人生の方向性を変えることはできますが、**同じ文化や風土の組織に属していると方向の転換はしにくい**と思います。目的地に進んでいる船が、目的地とは別の港に進路を変えることが難しいのと同じで、方向を変えるには船を乗り換えることが近道です。

では、人生環境が変わると何が起こるでしょうか。

それは、人間関係の変化です。人生環境というのは人間関係を含めた環境なのですが、**人間関係は人生環境の大きな部分を占めています。**

これは、国同士の関係でも同じです。私が２０１０年に実施した開発援助調査ですが、ベトナム、ラオス、カンボジアの３か国が対象地域でした。当時の３か国は航空の管制を各国が別々に行っていました。それは、他国の管制情報は不確かだと思い込んでいたからです。でも、３か国の管制空域は統合することができました。その理由は、他国への「信頼」が構築されたからです。

この信頼を我々の人間関係に当てはめてみると、**自分が発信する情報や言葉の確からしさに依存する**ということです。

うそをついたり、思ってもいないことを言ったりしていると、人間関係も円滑にいかず、人生環境も悪い方向に向かうということを物語ります。
そして、自身が発信する情報や言葉を確かにするためには人生のマスタープランが有効です。ここで、「転職は絶好のリセットチャンス」の法則1を以下にまとめておきます。

【法則1】

✔転職によって人生環境は大きく変わる
✔自身が望む転職は必ず良い方向に変わる
✔どうせできないとか、転職したところで苦労するだけという不安が先立つとリセットのチャンスを逸する
✔いやいやする仕事には転職のリセットチャンスすら訪れない
✔転職リセットは人生の環境を大きく変えるパワーを持つ
✔同じ文化や風土の組織に属していると人生の方向転換はできない
✔人間関係は人生環境の大きな部分を占めている
✔人間の信頼関係は自分が発信する情報や言葉の確からしさに依存する
✔人生のマスタープランは人生環境を良い方向に導く

法則2 マスタープランを作ると、思いどおりの人生航海ができる

ここでは、法則1をより確かなものにするための「マスタープラン」について話します。

マスタープラン（master plan）とは本来建築用語で基本計画という意味で使われます。開発分野では国が進むべき指針といったニュアンスが含まれています。


そして、実のところこの**マスタープランは人生の基本計画としても役に立つ**のです。

あなたは、自身のマスタープランをお持ちでしょうか。

持っていれば幸いです。私は持っていませんでした。

数々の途上国でマスタープランを策定していて、私はあるときふと気づきました。自分のマスタープランがないじゃないかと。これがないと、漠然とした生き方になります。それに気づいたときから私は自分のマスタープラン作りにかかりました。すでに50歳代に

なっていたと思います。

人生の基本計画と言うのは簡単なのですが、それを作るには大雑把に次のような手順が必要です。

❶自身の現状と課題を知って分析する
❷目標に向けたロードマップ（未来予想）を描く
❸ロードマップに沿った3年先までの実行計画を立てる
❹実行計画がフィージブル（実施可能）かどうかを判断する

具体的な方法は法則3以降に述べます。

海図のない航海は沈没

船が目的地まで航海する状況をイメージしてみてください。無事に目的地までたどり着くためには海図が必要です。

この海図に沿って航海計画を立て目的地まで行くわけですが、この航海計画に相当するのがマスタープランです。

それでは、人生で海図に相当するのは何だと思いますか。

社会のレールでしょうか。違います。それは、「あなたの希望」です。その**希望が人生の道しるべ**です。つまり、人生の希望があって、それに向けたマスタープランがあるという構図になります。

ここで思い出してください。あのタイタニック号のことを。1912年4月14日の深夜に北大西洋で氷山に接触して沈没した客船です。イギリスのサウサンプトンを出港してアメリカのニューヨークに向けての航海中でした。海図も航海計画もそろっていたのに沈没したのはなぜでしょう。それは、操縦能力が不足していたからです。

海の状況は刻々と変わります。そして、タイタニックの場合は、その変化を分析しながら操縦するという能力に欠けており、航海の現状と周囲との変化に「ギャップ」が生じた結果の事故となりました。船の能力を過信したと言ってもいいでしょう。

人生も同じです。

自己の能力を過信して**周囲の状況を見誤ってしまうと、いくら美しいマスタープランがあっても途中で挫折します。**したがって、**プランを遂行するためには正しい現状分析が欠かせません。**これについては法則3に書きました。

ここで、ロードマップについて触れたいと思います。自身の未来予想です。

これは、マスタープランの根幹を形成するもので、次の要素が含まれます。

◇目標（何を達成するのか）

◇期限（いつまでに達成するのか）

◇方法（どのようにして達成するのか）

つまり、問題点と目標を明確にすることと、目標達成のための行動計画を具体化することです。お分かりのとおり、ロードマップを作るためには今の課題が何かがはっきりしないとできません。

課題抽出の詳細は法則3に書きましたのでご参照ください。

夢も希望も持てない場合

このようなケースの人は、**現在がファジー（fuzzy：曖昧）で将来も混沌としている場合が多い**です。国の場合でも同じです。途上国のなかには自国の将来に夢も希望も持てないというケースは多くあります。時には絶望的という場合だって見受けられます。

でも、**マスタープランを作ると未来への夢と希望が出てくる**のを私は経験上学びました。なぜ、そうなるのでしょうか。それは、マスタープランが自分の利害にしか関心がない人たちに協調をもたらすきっかけを作るからです。イラクが顕著な例でした。

ご存じのとおり、イラク戦争は２００３年3月にアメリカを主体とした連合軍によって、イラクが大量破壊兵器を保有しているという理由でイラクは攻撃されました。同年に戦争は終結しましたが、当時のイラクはまさに混沌とした状態でした。人々はこれからの夢も希望もない状況のなかで過ごしていたに違いありません。

そんななかで各国からの戦後復興支援が始まり、私も日本からそれに参加した一人です。まずは彼らが国をどのようにしたいのかという聞き取り調査から始めましたが、そこには自国の将来に対する希望が詰まっていました。

各自の意見はさまざまなので調整が必要でしたが、それはそれは希望が溢れるディスカッションでした。

その夢に対するマスタープランを作り、設計をし、資金繰りを立て、プロジェクトを実施し、計画から13年かけて夢は実現しました。マスタープランがあることで目標を達成することができることを如実に知った次第です。

これは、個人にも当てはまることが分かります。

なぜならば、国は個人の集合体だからです。国自体には意思も希望もありませんし、国の意志を実現する原動力は個人です。

これは、ゲーム理論に発展するのですが、それについては法則7で述べます。

以下に法則2をまとめました。


【法則2】

✔マスタープランは人生の基本計画として使える
✔希望が人生の道しるべとなる
✔周囲の状況を見誤るとマスタープランがあっても途中で挫折する
✔ロードマップはマスタープランの根幹となる
✔ロードマップを作るには今の課題がはっきりしないとできない
✔夢も希望も持てないのは現在がファジーで将来も混沌としているのが原因
✔マスタープランを作ると未来への夢と希望が出てくる

法則3
自身が置かれている現状分析で、次の道が見えてくる

法則2ではマスタープランの必要性について述べました。本項では、プランに必要な自身の現状を分析することについて書きます。

現状を分析するとはどういうことかと言うと、分析しなければならない背景があり、今の課題が何であるのかを抽出するために行うことです。そして、自身の現状を分析するためには幾つかの側面から見る必要があります。例えば、あなたの今の仕事状況、家庭の状態、世の中の変容、対人関係などです。

国の場合では、経済財務状況、庶民の状態、世論の変容、外交関係が該当します。国の現状を分析するためには係る側面から分析する必要があります。これはフィリピンのケースですが、日本の資金援助で１９８０年代に航空近代化計画というのがあって私も参加し

ました。

当時のフィリピンは経済状況も悪く、人々はいまだ貧しい状態にありましたが、7000を超える島々から成るフィリピンは人々の航空需要が旺盛でした。航空機で移動するためには周辺諸国との協力が必要ですが、外交関係も良好でした。

そんな状況のなかでの調査を開始して、現状は分かったのですが、その現状をどう分析すればいいかは分かりませんでした。というのは、課題が抽出できなかったからです。

同様に、あなたの今の課題／問題が何であるかはすぐに分かります。でも、「だからどうなの」という部分は回答しにくくありませんか。

それは、課題／問題の分析まで至っていないからです。つまり、現状の深掘りができていないのです。

深掘りについて以下にその解決方法を書きます。

現状は「知る」のではなく「分析」する

自分が置かれている現状は誰でも分かります。ただし、その置かれている**状況を分析するにはいくつかの側面からのアプローチが必要**です。

多くの人の場合は以下のアプローチで十分ですので、質問に答えてみてください。

（仕事の状況）

❶今の仕事に満足しているか？
❷仕事を介して求めているものは何か？
❸なぜ今の仕事を選んだのか？

（家庭の状態）

❶家庭とは何だと思うか？
❷家族関係は良好か？
❸町内や近隣との付き合いはあるか？

（社会の変容に対する処方）

❶世の中の変化に対して自分の確固たる考えがあるか？
❷周囲との予定調和という対応をするか？

❸マスコミやメディア報道に対する自身の意見を言えるか？

（人間関係）

❶家族を除いてよく会っている人はいるか？

❷仕事以外で会いたい人はいるか？

❸どのような職業分野の人と会いたいか？

どうでしょうか。以上の質問に全部答えられたら、分析の準備は完了です。これらの質問は、あなた自身の現状をより深掘りするための質問です。

それでは、その答えからどのような分析をするかについて次に述べましょう。

現状から分析する

まずは仕事についてですが、あなたは何のために仕事をしていますか。

「生活のため」という返事が多分多いでしょう。

では生活とは何でしょうか。収入を得て必要な物資を買うことなどです。ただ、仕事をすることはそれだけが目的ではありません。

仕事には何らかのインセンティブ（動機）が伴っています。

あなたが仕事をする動機は何でしょう。私の場合、最初の仕事は工場労働者でしたが、そのときのインセンティブは、学生から社会人になって、社会と交流したいというのが動機でした。

次の仕事はメーカーでのエンジニアでした。そこでの動機は技術を身につけたいの一心です。そして、3つ目の仕事は技術コンサルタントですが、海外での社会貢献が動機になりました。

このように、今の仕事をしていることの動機が必ずあります。そこで、今の仕事を続けたいかという問いに答えてみてください。

次に、あなたの家庭は楽しいかどうかです。

そして、今の社会があなたにとって望ましい社会かどうかに回答してみてください。

最後に、人間関係についてです。

・仕事上の課題

楽しくない→なぜ楽しくない？

・個人の問題を含めた家庭の課題

個人の健康と家庭内のストレスがある→どんなストレス？

・社会生活上の課題

社会との距離感がある→どんな支援が欲しい？

・人間関係の課題

親しい友人がいない→なぜいない？

以上であなたの課題抽出は終了です。

次は、それらを分析してみましょう。

《仕事が楽しくないのはなぜ》の分析

❶上司が嫌いだから

❷社風が自分に合わないから

❸自分が求める仕事でないから

《家庭の問題は何》の分析

❶家にいてもくつろげないから
❷家族が自分の思いどおりに振る舞わないから
❸家族同士の価値観が大きく違うから

《社会生活上の問題》の分析

❶社会制度が今の自分の生活と乖離しているから
❷社会からの支援があると感じていないから
❸社会に充満する不満があるから

《人間関係の問題》の分析

❶親しい友人関係がないから
❷関係構築をしようとする意欲がないから
❸孤独を決め込んでいるから

ここまで来れば、今あなたが置かれている状況がだいたい理解できますね。
そこで、解決案を法則4で考えてみましょう。
以下は法則3のまとめです。

【法則3】

✔リセットするためには自分が置かれている現状を分析することが不可欠である
✔分析には複数のアプローチが必要である
✔「動機」を見るのが分析の早道である

法則4 課題が抽出できれば、問題は解決に限りなく近づく

法則3ではあなたの課題を深掘りしました。では法則4でそれらの解決策を以下に考えてみます。ここでは、仕事、家庭、社会生活、人間関係について見てみましょう。それぞれの解決策（リセット方法）はいくつかあります。

仕事上の課題の解決策

❶今すぐ辞めて職を変える
❷実力をつけながら転機が来るのを待つ
❸再度学生になってやり直す

個人の問題を含めた家庭の課題の解決策

❶病気であれば治療する
❷家族関係を解消する
❸長い旅に出て家庭というものを考え直す

社会生活上の課題の解決策

❶役所へ相談に行く
❷ネットで解決策を探す
❸士業（弁護士、弁理士、会計士など）に解決を求める

人間関係の課題の解決策

❶自分の性格を変える
❷新しい友人を見つける
❸気が合わない人とは付き合わない

などです。課題が明確になることで解決への具体的な一歩が踏み出せます。

そこで、その**課題の程度はいったいどの程度のものかを評価**してみましょう。

課題の程度を知る

あなたが抱えている仕事上での課題を見てみましょう。

その課題は前述のように❶今すぐ辞めて職を変えたいほど耐えられないことなのですか。それとも❷実力をつけながら転機が来るのを待つことができる余裕がまだある状態でしょうか。あるいは❸再度学生になってやり直すぐらいの気持ちがありますか。

また、いまさら勉強なんかして転職するつもりもないという人もいるでしょうし、今の仕事は嫌だけど、他に行くところもないし他のことができる能力もないという方もいるでしょう。

つまり、**課題の程度とは今のあなたの気持ちに依存する**ものなのです。

どんなに大きな課題があっても、課題を解決しようとする気概がなければリセットはできません。逆に、課題を超えるだけの気持ちがあればリセットはできることになります。

そして、**課題は一つではなく多くの問題から成っている**場合がほとんどです。言ってみれば、仕事上の課題がある人は家庭の問題も抱えているし、社会生活上の課題や人間関係の問題もあることが多いのです。

言い換えれば、それら**一つの課題をリセットすることで、他の課題も連鎖的に解決されることになります。**

そこで、**リセットすることに優先順位をつけること**が必要となるのです。

次項ではその優先順位について述べましょう。

以下は法則４のまとめです。

【法則４】

✔課題の程度を評価すると初めに何をリセットするかが分かる

✔課題の程度は客観的なものではなく気持ちに依存する

✔課題は単独のものではなく多くの問題から成り立つ

✔一つの課題をリセットすることで他の課題も連鎖的に解決できる

✔リセットすることに優先順位をつけることが必要

法則5 やりたいことに優先順位をつけると、捨てるものが分かる

課題が分かって解決法も分かると、どれから解決するかという優先順位付けが必要となります。国の場合には、解決すべき多くの課題がありますが、一度に全部解決することは時間的にも金銭的にもできません。

そこで、何からまず手をつけるかという議論になります。

ここにはさらなる問題が生じます。それは、利害です。国の中の利害の衝突は、多層で生じますが個人では違います。

今あなたが解決したい課題は、あなただけで決めれば済むことです。

ただし、それには留意が要ります。

個人であっても、例えば職場を去るとなると、組織との対立が生じ、家庭であれば相手との摩擦が生じます。

そこで、**捨てる前に、捨てた後はどうなるかを考える**必要が出てきます。

捨てた後は、どうなる?

職を失えば、収入もなくなって生活に困ります。そうであれば、退職する前にすべき優先事項があります。

専門学校などに通って手に職をつけるとか。いまさらそんなことができるかと思うかも知れませんが、そこまで備えておけば、本当に捨てていいかどうかが分かります。

進学もそうです。また私の場合ですが、高校を卒業してすぐに進学はしませんでした。その結果は当然、放浪です。

でも、その放浪生活があったからこそ、次の展開がありました。このように、次を考えずに今を捨てる場合もあります。

そして、私が進行がんと診断されたときです。治療するかどうかという選択です。

主治医は抗がん剤での治療を勧めましたが、私は治療しないという選択をしました。治療しなければ死ぬかも知れないと思いましたが、治療したところで延命にすぎないと考えたからです。

何とか生き延びて、60歳の定年を迎え、会社を辞めるかどうかの選択があり、何の躊躇もなく退職しました。

そこには、大学に進学したいという強い希望があったからです。

要するに、自分をリセットした後がどうなるのかというヴィジョンなくして、**やみくもに今を捨ててもその後に新たな問題が発生する**ということです。

以下に法則5をまとめます。

【法則5】

✔多くの課題があるとどれから解決するかという優先順位付けが必要となる
✔捨てる前に捨てた後はどうなるかを考えなければならない
✔捨てた後のヴィジョンがないと新たな問題が発生する

法則6
捨てるための方法は、必ず複数ある

最初に捨てるべきことが分かれば、次に捨てる方法を考えます。この方法は**必ず複数あります**。なぜかというと、捨てるまでの経緯には、重層的な利害の錯綜と衝突という背景があるからです。簡単に言えば、我々が社会で暮らしていくためには、限られた資源を分け合い、社会のルールを尊重し、相互の協力が必要です。リセットが必要なとき、すなわち苦悩や失意などの問題を抱えたときは、**相互協力のバランスが崩れた状態**なのです。

したがって、そのようなアンバランスな状態を脱する方法も複数ありますが、本項ではケイパビリティ・アプローチという方法を紹介します。

「ケイパビリティ・アプローチ」という方法

ケイパビリティ・アプローチ？　聞き慣れない言葉ですが、これは、ノーベル経済学賞を受賞したインドのアマルティア・セン（Amartya Sen）が、『正義のアイデア（The Idea of Justice）』という書籍の中で提唱している社会生活での不平等に焦点を当てた考え方です。

実は、このアプローチは人生のリセットにも使えるのです。

リセットというと仕切り直しですから、今の状態から次の状態へと一足飛びに変換するというイメージがあります。でも、徐々に変えてもいいわけで、その方法がケイパビリティ・アプローチです。今日より明日、明日よりも明後日という具合に。

では、仕事の場合、今の状態をリセットする方法はいくつかあるでしょう。仕事を直ちに辞める、辞めるときが来るのを待つ、仕事を続けながら専門学校に通って手に職をつける、などです。

ケイパビリティ・アプローチにいちばん近いのは専門学校に行くことでしょう。これは将来への期待を持ちながらリセットの目標に一歩ずつ近づきますから。

仕事でもう一つ、このアプローチに近い方法があります。

仕事を辞める、すなわちドロップアウトです。

いきなり辞めて、はいサヨナラなのですが、「ドロップイン」のまま、つまり会社に居ながら、好きなことをするという方法です。

私の場合、それができたのですが、その理由は、私が所属する組織の中で「特異な存在」であったからなのです。

特異な理由は、私が航空宇宙部門の技術士だったからです。当時は２０００人程度の技術コンサルタル会社でしたが、その有資格者は私ひとりだけでした。ですので、組織に居ながら好きなことができたのです。

あなたが、ドロップイン状態で好きなことをするためには、あなたでなければできない、つまり、**他に代わる人がいないという状況**が必要です。

法則６を以下にまとめました。

【法則６】

- リセットする方法は必ず複数ある
- リセットを必要とするのは他者との協力バランスが崩れた状態のときである
- いきなりリセットが難しければケイパビリティ・アプローチという方法がある
- 在職のままリセットするには「特異な存在」である必要がある

法則7 ゲーム理論を使うと、捨てるものは一つに決まる

法則6では捨てるための方法を複数個ピックアップしました。

ここ法則7では「ゲーム理論」を援用して何を捨てるのが最善かを考えてみましょう。

あなたはゲーム理論という言葉を聞いたことがあると思いますが、この理論をちょっと説明しておきます。ゲームと言うとなんだか遊びみたいで、ゲームセンターとかインターネットゲームとかを連想します。ここで言うゲームとは、あなたが日々の社会生活をしていてさまざまな「葛藤の場」を経験します。

これをゲーム理論では「ゲーム的状況」と名付けています。この理論は、あなたを対立や闘争ではなく、調和や安定の方向へと導く道しるべとなる理論です。

さて、法則3で今ある課題を抽出してみました。仕事上の課題、家庭の課題、社会生活上の課題、人間関係の課題です。

そこで、これらの課題をゲーム理論で下の表のように数値化します。

「利得」とは、自身のもうけと思ってください。

最上欄にはあなたの行動指向を記しています。そして、左欄にはその点数をつけました。点数は自身の感覚でつけます。例えば、今の仕事をすぐにでも辞めたいならば、その行動価値は最高で10点です。変革したい気持ちが大きいほうから10～0点になります。この表では、仕事を辞めたいという気持ちが9点となり大きいです。

次に、人間関係を変えたいという項

■行動価値の利得表■

Action Value（行動価値）	仕事を辞める	家庭のストレスを低減する	社会生活を変更する	人間関係を変える
大きい（8～10点）	9			
中くらい（5～7点）		5		7
小さい（1～4点）			2	
該当せず（0点）				
合計（利得）	9	5	2	7

目が続いています。

したがって、まず捨てるのは「仕事」です。

本項では、捨てるものが一つに決まると書きました。それは、**ゲーム理論には「均衡」があるから**です。ゲーム理論で言う均衡とは、均衡以外では自身の利得が減ってしまうことから、減る方向へのインセンティブが働かないということです。この**均衡点をいかに早く見つけるかで、リセットによって有利な人生戦略が組める**のです。

「均衡」について

均衡についてもう少し書きます。

ゲーム理論では、最終的な状態を「ゲームの解」と呼びます。つまり、あなたがまず最初に捨てようと考えたものです。あなたは自分の利得が最大となるような行動をとるため、その最大な状態が均衡点になります。

それでは、前ページの行動価値の利得表を見てみましょう。

現状では「仕事を辞める」が高い点数なのでここが均衡点になり、これ以降のゲームの進展はありません。とは言うものの、ここで「人間関係を変える」が合計利得7点になっています。もし、これが9点だったらどうしますか。

はい、利得は自身の感覚でつけたものですから、今の気分で数値を変えてください。各欄の合計（利得）が同じ数字にならないように。

気分で数字を変えるなんて、ずいぶん適当なものだなという印象を受けたかも知れませんが、そうではありません。これにはちょっと説明が要ります。

ゲーム理論の要素となっているのは、ゲームをしている「プレイヤー」（あなたと相手）、「戦略」、「利得」、「情報」の4つです。プレイヤーの一人はあなたです。では相手は誰。それは職場であり、家庭であり、社会であり、人々との関係です。これらを擬人化してプレイヤーと呼んでいます。

では「戦略」とは何でしょうか。

それは、あなたがどのように今をリセットすればいいかという「行動計画」のことです。リセットとは、最良の戦略を選んで実行することなのです。そして、最良の戦略を選ぶための手法にゲーム理論を使っているのです。

もう一つ、「情報」について説明します。

「情報」とは知識のことです。あなたが持っている知識です。それは体験や経験であったり、学習によって学んだりしたことなどが該当します。情報はゲームにおいて大きな影響力を持ちます。すなわち、あなたの周囲である職場、家庭、社会、人間関係の情報を整理する必要があります。

次に情報についてお話しします。

「情報」を考える

あなたが属する職場を考えてみましょう。職場は擬人化されていますのでゲームの「相手」です。その相手と縁を切るかどうかは、あなたが今日まで得た情報（知識）によって判断されます。

ここで、プレイヤー（あなたと職場）間には情報に差が必ずあります。あなたにとっては、今の職場に居ることをどのように思っているのか。職場にとっては、あなたをどう使いたいのか。

この両者にはゲーム理論で言うところの「情報の非対称性」があります。

つまり、今の状況を捨てるかどうかの判断は、あなた次第ということです。もし、あなたが今の組織に居たくないけれど、仕方ないので居るという場合と、こんな組織は今すぐに去るという二つの判断です。

ゲーム理論では、各プレイヤーがお互いの利得や戦略について知っている場合と、知らない場合とを分けて考えますが、人生の**リセットに関しては、必ず後者**です。

つまり、**「不完備情報ゲーム」**なのです。それは、あなたに優位性があるということです。

以下に法則7をまとめました。

【法則7】

- ✔ゲーム理論で捨てるものを一つ見つけることができる
- ✔ゲーム理論はあなたを対立や闘争ではなく調和や安定の方向へと導く道しるべとなる
- ✔ゲーム理論には「均衡」がある
- ✔均衡点を見つけることでリセットにより有利な人生戦略が組める
- ✔人生のリセットは「不完備情報ゲーム」である

法則8 現在の生き方しだいで、過去の意味が変わる

リセットの法則は、リセットした後から効果が出るのはもちろんなのですが、実は、**リセットする前にも影響が出る**のです。以下二つの例でお話しします。

病気になると分かる

これは私の例なのですが、50歳代の前半に血液のがんと診断されました。病期（ステージ）はすでにかなり進行していましたので治癒は困難な状態でした。そこで、私は治療しないという選択をしたのです。抗がん剤治療でＱＯＬ（生活の質）が著しく下がったうえでの延命は避けたかったからです。

結局、がんの診断から15年以上が経過しましたが、その間「健康に」暮らしています。健康にというのは、「がんと共存して仲良く生きている」ということです。

さて、ここで法則7に書いたゲーム理論を振り返ってみてください。当時の私はゲーム理論などに精通していたわけではありませんが、いま思うと本能的にこれを利用していたと思います。

ゲーム理論では「プレイヤー」「戦略」「利得」「情報」がゲームの要素であることを述べました。病気の場合、プレイヤーは私とがん。私の戦略は治療方法。私の利得は生きること。私にとっての情報はがんの増殖戦略で、がんにとっての情報は私の治療方法です。

これらの情報は双方が知りませんから、先に述べた不完全情報ゲームになります。

ここで興味があるのは、ゲーム理論に「均衡」があることです。がんの場合の均衡は共存を意味します。死ではありません。死はゲームの終了です。つまり、均衡とはがんと患者とが共に生存することです。これは、ごく当たり前のことで、がんから見れば宿主である人間が死んでしまえばがん細胞も死滅しますので、それに至る戦略をがんはとりません。

今の標準的ながん治療では、がん細胞を排除する方法ですので当然彼らも反撃します。そうなると、これは人間とがんとの対立と闘争の構図です。先に述べたとおり、協調と安定がゲーム理論の目的ですから、**今の標準治療でがんを撲滅することはできません。**

すでにお気づきだと思いますが、過去に重篤な病気に罹っても、現在が健康であると意識できるのであれば、過去に罹った病気という状況は無くなってしまいます。

つまり、**現在の生き方しだいで過去の意味が変わる**ということなのです。

リセットは、仕切り直した後で効果が出るだけでなく、**リセットする前（過去）の意味すら変えてしまいます。**これがリセットの法則が持つ一つの特徴です。

3・9Gと言われた時代もあった

これは私が２０１２年から政府開発援助で参加したミャンマーの通信施設調査の例です。今では５Ｇ（第5世代移動通信システム）は普及していますが、２０１２年当時に５Ｇなど誰も想像していませんでした。当時は、永遠に４Ｇにすらなれないという意味で、３・９Ｇという言葉を限りなく４Ｇに近いというニュアンスで使っていました。

私が当時設計した通信システムも３・９Ｇを念頭にしていましたが、今や５Ｇが当たり前になってしまいました。３・９Ｇなどはすでに過去の遺物となって、そんなことを知る人も今はいません。

このように、今の状況しだいで過去の意味も変わります。これは国のプロジェクトの例ですが、人生も同じで、**今の生き方で過去が変わる**のです。

本プロジェクトでリセットのきっかけとなったことは、当時のミャンマーが置かれていた状況です。民主化の遅れから、インフラ整備も進まず、経済活動も停滞しているようなときであるがゆえに、時の政策者の思いが国のリセットへと向かわせたのです。

このように、**リセットには何らかのきっかけが必要**で、それは国難であったり災害であったりで、コロナ禍もそれに該当するのでしょう。人の場合でも、苦悩や失意のときこそリセットチャンスであって、幸せを享受しているときとか、幸福の絶頂期にはリセットなどできません。**負の局面こそがリセットのチャンス**です。

法則8を以下にまとめました。

【法則8】

✔人生のリセットはその後だけでなく前（過去）にも効果が表れる
✔リセットした現在の生き方しだいで過去の意味が変わる
✔リセットするには何らかのきっかけが必要
✔負の局面こそがリセットのチャンス

法則9

リセットは、他者からの援助がないとできない

あなたは、新幹線を使って旅をすることがありますね。でも、ブレトン・ウッズ協定というのは多分知らないと思います。

この協定は、第二次世界大戦後半の１９４４年7月に米国のニューハンプシャー州で開かれた連合国通貨金融会議に締結され、１９４５年に発効した国際金融機構についての協定です。

当時の日本は途上国でしたので、これから先進国を目指すためには援助が必要でした。そして、その援助でできたのが新幹線です。

当時日本がそうしようというきっかけは経済成長への希望です。日本の希望と、それを援助する組織があってできたことです。１９６４年に東海道新幹線が実際に開業するまでには他者からの支援を受けていたのです。

開発援助のケース

日本政府が途上国を支援する発端となるのは相手国からの「要請」です。要請を受けても断る場合もあるのですが、受けるかどうかは相手国と日本との信頼関係と要請内容です。人の場合も同じで、困ったとき誰かに支援を頼んでも自分が「信頼される人」でなければ援助の手を差しのべてはくれません。

支援を受けたい内容はさまざまですが、まずは**信頼関係**なのです。

開発援助に話を戻しますが、援助の順序は次のとおりです。（　）内は人の場合。

❶要請（リセットするかどうかの判断）
❷現状の課題の抽出（いま悩んでいることの抽出）
❸問題解決のためのプランの作成（問題解決までの計画）
❹数年先までの実行計画（具体的なアクションプラン）
❺経済状態を含めた実行可能性分析（費用を含めて実行可能かの判断）
❻プロジェクトの実施（リセットの実施）

❼完了後の評価（リセット後の評価）

さて、本項で「リセットは他者からの援助がないとできない」と書きましたね。もう少し具体的に述べます。

法則3・4・7で、仕事、家庭、社会生活、人間関係のことに触れました。あなたがこれらの問題を抱えたときの支援者は誰でしょう。

・仕事／家庭⬇行政の相談窓口を介した相談者
・社会生活⬇病気であれば医師、事故や事件であれば警察
・人間関係⬇カウンセラー

では、他者とのかかわりはどこから始めればいいのでしょうか。

他者からの援助の始まり

それは、隣近所や町内会です。

あなたは、隣人や隣家についてどの程度ご存じでしょうか。私がまだ会社員だったころ、近所にどんな人が住んでいるのかも知りませんでした。近所付き合いは同居する両親

がしていたからです。父が亡くなり、母も介護施設に入所するようになって、私も定年で家にいることになると、近所の人の顔すら分かりませんでした。

家にいるようになり、朝にごみを出したり、夏のお祭りなどを通じたりして誰がどこの人かを知った次第です。この関係性は、道で会って挨拶が交わせる程度の関係で十分です。

開発援助で例えると、要請するかどうかという状況です。要請するといっても、誰にどのように要請すればいいのか分かりません。要請慣れしている国はともかく。

そこで、誰かが要請のサポートをしてくれると助かります。開発援助では、コンサルタントや商社やメーカーなどが該当しますが、同じように個人では近所の人たちや家族になるでしょう。

このように、リセットは自分一人だけでは難しいのです。

以下に法則9をまとめました。

【法則9】

✔リセットには信頼関係が必要

✔リセットは他者からの援助がないとできない

法則10 創造的な失敗は、必ず成功につながる

法則9では信頼関係の必要性について述べました。最後の本項ではリセットで成功する条件を書いています。

あなたは「失敗学」という言葉を知っていましたか。はい、これは**失敗をプラスに転化するための方法論**です。社会生活のなかで人は誰でも失敗します。失敗の原因はさまざまですが、不注意や無知、判断の誤りであったりします。

そこであなたにお聞きしたいのですが、失敗は偶然に起きるのでしょうか。そうではありません。**失敗は必然的なこと**なのです。なぜならば、失敗は個人や社会の変化に伴って失敗への条件が醸成されてゆくからです。

そして、その失敗には個人性が強いものと社会性が強いものとがあります。個人に責任がある失敗は個人性で、組織の運営や政治判断による失敗は社会性です。我々はこれら双

方のバランスのなかで失敗を繰り返しますので、失敗は必然的なのです。

さて、本項のタイトルに**「創造的な失敗」**という言葉を使いましたが、創造的でない失敗はあると思いますか。実はありません。その理由は私の体験から来るものです。

私は多くの国でプロジェクトに参加してきました。プロジェクトとは簡単に言えば実施期間と完成目標がある事業です。これは個人でも同じで、ある人がいつまでに何かの目標を目指す場合でもプロジェクトと呼んで差し支えありません。

国際的なプロジェクトを実際に行ってみて、最後は必ず成功で終わります。途中ではもちろん数々の失敗がありますが、**最後は必ず成功で終了する**のです。

もし、失敗が創造的なものでなければ、その連続としての失敗の最後も失敗のはずです。でもそうはならない。

このプロジェクトについては次でもう少し詳しく説明します。

すべての失敗は創造的

国をリセットする場合には通常プロジェクトを企画します。そこには、リセットする対象と期間があります。その流れは一般的に次のような順序で行われます。

現状の調査
⬇
計画
⬇
設計
⬇
入札
⬇
建設／構築
⬇
運用

例えば、２００４年７月から２０１７年６月まで私が従事していたイラクの通信プロジェクト。イラクの戦後復興から始まってバグダッドに高速通信網を整備するまでのプロジェクトです。まずは現状調査をします。当然のことながら現状の見落としという失敗があります。でも、それは構いません。次の計画段階で発見できるからです。

そして、計画段階でも判断の誤りなどでの失敗が出てきますが、それも構いません。次の入札段階で誤りは見つかり是正できるからです。

このように、プロジェクトのステージが進むにつれて、過去の失敗は消えてなくなり、それら失敗の積み重ねで最後は成功に至るという流れになります。

人生も同じで、リセットを思い立ち、あなたの個人プロジェクトを開始した場合、その目標に至るまでには数々の失敗がありますが、それらの失敗は成功に向けての創造的な失敗なので、一つひとつの失敗について気にすることすらありません。すべての失敗は創造的です。次に、もう少し人生の失敗について話をさせてください。

それは、人生の忘れ物を取り戻す話です。

人生の忘れ物を取り戻す

第3章は「苦悩・失意のときこそ実践したい！　リセットの法則が人生を変える」がテーマです。本項では、締めくくりとして「人生の忘れ物」について触れたいと思います。

あなたは、子どもから今まで成長する間に、学校に通い、就職して社会人となり、結婚して家庭を持ち、定年で悠々自適な生活をしているのでしょうか。あるいは、途中で数々の失敗を経て今日を過ごしているのでしょうか。いろいろなケースがあります。受験に失敗したとか、希望する職業に就けなかったとか、恋する相手と結婚できなかったとか、定年退職で生活苦に陥ったとか。

人生をリセットして仕切り直すということは、**過去から現在に至るまでの自身の希望と現在とのギャップを埋めようとする行為**に他なりません。

ですから、希望どおりの人生を生きてきた人は、そもそもリセットなど必要ありませんから人生の仕切り直しとは無縁です。リセットが必要なのは、そうではない人です。

「忘れ物」というのは、自分の進学したい大学だったり、就職したい企業であったり、病気に罹った場合には健康な状態のことです。

私の例で恐縮なのですが、高校を卒業した時点で進学はしませんでしたが、還暦を機に東大に進学しました。最初の企業に就職はしたものの重労働で辞め、2回の転職を経て政府開発援助の職を得ました。50歳代の前半に進行がんと診断され余命も告げられましたが、15年以上が経つ今は末期のがんという自覚も全くなく健康同様に過ごしています。

つまり、リセットとは、**過去に置いてきた人生の忘れ物を取りに行く行為**と言うこともできます。そして、取りに行くきっかけとなるのは、苦悩や失意なのです。

では、法則10を以下にまとめます。

【法則10】

✓失敗をプラスに転化するための方法論がある
✓失敗は偶然に起こることではなく必然的なこと
✓創造的でない失敗はない
✓失敗を繰り返すことで最後は必ず成功で終了する
✓リセットは過去から現在に至るまでの希望と現在とのギャップを埋めようとする行為

第4章

「リセット」を後悔しないように新しい〝本来〟の自分自身を認める！

人生の仕切り直しをしたら、今の自分を変える

人生をリセットすれば当然その後の生き方は変わります。ただ、そこにはエネルギーが必要で、自然に変わるというよりも、自らを変えることが重要になります。

開発援助の例を出しますが、ウクライナで航空の調査をしたことがありました。1回目の調査から6年後に再び同国を訪れましたが、その変わりようには驚きました。当時のウクライナは空港の管制施設も古く、世界の標準からは大きく隔たっていましたので、近代化への提言をし、6年後には提言に沿った管制システムに変わりつつありました。

何よりも驚いたのは、空港スタッフたちの晴れやかな表情です。6年前の悲痛とも感じられる表情から、とても明るい表情に変わっていました。

その理由は、**彼ら自身でリセット後をより良い状態に変えていった**からです。そのような自発的態度がリセット後には必要です。

変えないと、もとに戻る

ウクライナの航空の例を述べましたが、人間でも同様です。

リセットしたら、そのときの目標に向けて自分をさらに導く必要があります。仕切り直す前と後とではあなたの状況が全く異なるからです。

転職の例を考えてみましょう。

あなたが、新たな転職先で同じような仕事ぶりだったとします。仕事の内容は前職とは違うでしょうが、転職というリセットをしても仕切り直しと言うほどの実感は持てないと思います。なぜならば、**職業が変わっただけで、あなた自身が変わっていない**からです。

つまり、リセットによって状況は確かに変わるのですが、その変化に応じてあなた自身が変わらないと再びもとの状態に戻ってしまいます。

では、自分を変えるにはどうしますか。

それは、**あなたの心の声に沿って行動する**ことです。

コロナのことを考えてください。いつもの日常が突然に非日常になったり、ニュー・ノーマル（新たなる常識）が導入されたりしました。

そんなときに、自身の意志ではないが仕方なく新常識に従っている人と、自ら好んで行動している人に分かれます。

リセットしたことは本来あなたの意志なのですが、その変化に合わせてあなた自身の志向で行動しなければなりません。

ここで、不思議な現象が起きます。

あなた自身が変わると、周囲まで変わることです。

自分が変わると周囲も変わる

これは私が２０１３年にインドネシアの洪水予報プロジェクトに従事していたときのことです。施工業者を決める段階で、先方の行政組織といくら時間をかけても合意ができず、前任者と交代する形で私が任命されて現地に赴きました。

状況は赴任前に聞いていましたので、厄介な任務だと思いながら現地スラバヤまで行ったものです。

でも、数日で先方と合意ができました。というのも、プロジェクトには必ず利害が錯綜しています。それを解いただけです。

我々日常の仕事も全く同じで、程度の差こそあれ**利害が錯綜**しています。それを解けば周囲との関係が変わります。これは仕事だけでなく、家庭でも社会でも同じです。

なぜそうなるのでしょうか。それは、相手を尊重することで利害の対立状態が緩和できるからです。相手の意見を細かく聞き、相手の心理状態を察するのです。それに呼応すると相手も変わります。

さて、あなたがリセットするまでには大いなる勇気が必要だったと思います。それを貫徹して以前とは違う状態になったのですから、称賛に値します。

仕事だけのことではなく、家庭も、社会との関わりも、人間関係もリセット前と後では変化が当然あります。

家族との関係はどう変わりましたか。

配偶者や同居家族と楽しく食事などできるようになりましたか。一緒に旅行なんかに出かけてみたりするようになりましたか。

社会との関わりはどうでしょうか。

町内でも、定期的に街を清掃したり、祭りなどのイベントを開催したりしています。あなたはそれら身近な行事に参加するようになりましたか。

リセット後の人間関係はどうでしょう。

ワクワクするような人と出会いましたか。あるいは、興味ある新しい人との関係性が構築されたでしょうか。

ここで、あなたの「情景」について考察してみます。情景とは、自然や心の景色のことですが、リセットによってあなたの心や周囲の様子がどのように変わったかを観察することとします。

その前に、以下に本項をまとめておきます。

- ✔リセット後にはそれを維持するエネルギーが必要
- ✔職業が変わっただけであなた自身が変わらないとリセット効果は継続しない
- ✔リセット効果を継続させるには自身の心の声に沿って行動することが不可欠
- ✔あなた自身が変わると周囲までが変わる
- ✔利害の錯綜を解けばリセット効果は格段に向上する

捨てた後のあなたの「情景」をリアルに想像する

リセットした後にあなたの情景はどう変わりましたか。

周囲への見方も違って見えていますか。

周りからのあなたへの反応はどうでしょう。

良くなったと感じますか。


実はこの**情景描写がリセット後の自分を維持するのにとても重要**なことなのです。

ここでまた開発援助の例を出しますが、私は２０１５年から２０１７年にかけてレバノンのベイルートで会合を持ったことが何度かあります。イラクの通信システムをどのように改善していこうかという話し合いです。

集まった面々は、イラク、スウェーデン、シリア、ヨルダン、イギリスなどからで、私は日本からのコンサルとして参加しました。

ご存じのようにベイルートは地中海に面していて、朝になると海辺から日の出が見え、夕方になると浜辺に夕日が沈んでいくという毎日です。

そんな情景の中での会話をイメージしてみてください。素敵な「情景」です。リセット後はこのような雰囲気づくりを自らすることが大事です。

さらになりたい自身を、リアルに想像することが必要になります。せっかくリセットしたのですから、これからさらにどうなりたいというイメージを抱いてみてください。

これからどうしたい？

私がまだ20代のころの話です。当時の私は大阪にある製薬会社の工場作業員を辞めて、東京の電気メーカーに就職していました。就職後に程なくサウジアラビアへの出張を命じられ、ヤンブー（Yanbu）という所で勤務していました。

そこでの任務は航行援助システムの保安業務で、炎天下の砂漠のなかで機材のメンテナンスをすることでした。製薬会社の作業員からエンジニアへと自分をリセットした私は、これからどう生きるかという漠然とした考えを抱いたものです。そして、まずは手に職をつけて信頼される技術者になろうと思いました。

60代の後半を迎えた今、工場作業員からエンジニアを経て国際協力の専門家となり、東大でがんの研究者という道を歩んでいます。

つまり、これから自分がどうしたいかということは、**そのときの感情や状況で変わるものなのですね。**これはあくまで私の場合です。

今の自分をリセットし、リセット後の自分をさらにリセットしながら**人生の仕切り直しは自身が希望する方向に向けて続く**ということです。

それには、リセット後の「情景」を常に想像することが必要なのです。

情景は変わる

ここでは情景をテーマにしているのですが、リセット後のあなたはすでに情景を描写できるはずです。しかも具体的にはっきりと。そして、それは時が経つにつれて**情景も次第に変わってきます。**あなた自身の変化や家庭や社会の変化があるからです。

その時々の変化に合わせて、ちょうど季節が変わるように、自分を何度もリセットすることが必要です。それには、自身が置かれている情景を状況に応じて描き替えていくことが簡単な方法です。

あなたが転職して自らをリセットし新しい職場に居るとします。その情景を描けると思います。そして、その情景にさらなる絵を追記することもできます。そのようにして絵が完成します。追記というのはあなたのさらなる希望に他なりません。

あるいは、病気をきっかけに生活をリセットする場合もあります。病気から回復してこれからどんな生活習慣で暮らそうかというときでも何らかのヴィジョンを描いています。その情景をリアルに想像すれば、さらに新たな未来像が描けてきます。

本項の要点を以下にまとめました。

- ✔情景描写でリセット後の自分を維持することが重要
- ✔情景描写でさらになりたい自分を想像することが必要
- ✔リセット後もどういう自分になりたいかはその後の気持ちや状況で変わる
- ✔人生の仕切り直しは自身が希望する方向に向けて続く
- ✔時が経つにつれて情景も次第に変わる

世間の社会制度を捨ててみたらどうなったかを検証する

検証というと固い言葉に聞こえますが、「念のために確かめる」という程度と思ってください。

これは、自身をリセットして、**その後が実際にどうであったのかを振り返る**ことです。なぜかというと、リセットする前は仕切り直した後がどうなるのかは明確に分かりません。単なる想像で判断しているだけです。

開発調査での例を示しますね。

これは私がＪＩＣＡ（国際協力機構）にインハウス・コンサルタントとして勤務していたときのことです。カンボジアでの調査を命じられたのですが、その調査内容は、通信プロジェクトの工事が設計どおりに行われているかを確かめることでした。そのため、新しく敷設途中である光ファイバーケーブルの状態を見るために首都のプノンペンから国道６

号線沿いに1日がかりで調査した結果、そのずさんさが明らかになりました。設計どおりどころか手抜き工事なのです。

人生リセットも同じで、ちゃんと仕切り直したという思い込みがあるかも知れません。だから、リセットした後でも、**その効用があったのかどうかを念のために確かめる必要があります。**

捨ててどうなった?

社会制度といってもいろいろあります。

教育、労働、結婚、医療、介護などさまざまです。例えば、教育制度から離脱することは学校に行かないということです。

労働からの離脱は仕事をしないとか転職になります。

結婚の場合は、結婚しないか離婚するなどが考えられます。

医療であれば治療しないとか、介護では親を施設に預けてしまうことでしょうか。

このように、社会の制度を捨てて人生をリセットした場合に必要なのは、捨ててどうなったかを振り返ることなのです。ちなみに私の場合は、教育、労働、結婚、医療、介護はすべて捨てています。

自分は高校を卒業したときに大学への進学の道は捨てました。

その後2年間の放浪生活になりますが、その間にこの選択で良かったのかなと思うようになり、2年後に進学をするのですが、それは検証の結果の判断です（当時の自分はまだ先が長かったので）。

労働に関しては2回の転職をして、いずれも希望した結果になっています。結婚はしたものの、子どもたちが小学生のころから夫婦別居生活になりました。離婚には至りませんでしたが、今でもその生活が続いています（ただし今でも妻が大好きです）。

医療では、がん治療はしませんでした。その結果の検証は今でも病院で2か月に1回の経過観察を行っているのですが、極めて元気に過ごせています（夜もよく眠れるし、食欲もあるし酒も美味しい）。

介護については、同居していた両親の面倒を見切れずに介護施設に入れたおかげで今の自由があります（非情な奴と聞こえるかも知れませんが、自分の世話すら持て余している中でいくら親でも介護はできません）。

このように、今の社会制度から何らかの方法で離脱して人生をリセットした場合には、特にその後の状態を検証することが必要です。場合によっては、そのリセットが適切でなかったかも知れないからです。

仮にたとえ**不適切であった場合でも、再びリセットすれば済む**話です。

ここまでお分かりだと思いますが、リセットにはかなりの自由度と柔軟性があります。使い誤ったところで、また仕切り直せばいいのです。

本項の要点を以下にまとめます。

✔リセットした後でその後が実際にどうであったのかを振り返る
✔リセットが不適切であった場合でも再びリセットすればいい
✔リセットにはかなりの自由度と柔軟性がある

捨てた後は、非常識も常識となると自覚する

リセットする前とした後で何が違うかというと、大きな違いは**「常識感」**です。

常識に対するあなたの見方がまるで変わっています。

あなたが転職というリセットをしたとしましょう。前の職場で当たり前であったことは今の職場では通用しないことが多くあるはずです。

私の場合、1回目の転職が20代（1970年代）のときでしたが、終身雇用の当時は転職それ自体が世間の常識から多少かけ離れていました。さらに、工場作業員から設計エンジニアに変わるわけですから、前職との常識感は大きく異なりました。

もう一つ、リセット前後の違いは自身の**「価値観」**です。

これも大きく変わってきます。これはコロナの例を見れば分かります。コロナ禍前は、多くの観光客が日本を訪れ、好きなときに集会やイベントを開催していました。劇場にも

行き、移動も自由。これが常識でした。

それが突然と言っていいほど、コロナの後では非常識になりました。移動制限が課され旅行も自粛です。お盆で故郷へ帰省することすらままならなくなりました。

今までの常識がコロナ後では非常識なのです。というよりも、コロナ前が非常識だったのです。それがたまたまコロナで常識になったということです。人々の価値観が変わり、常識感も変化した例でしょう。

これは何もコロナがなくても同じことです。

あなたが今までの生き方をリセットし、リセット後を過ごしていても、あなたの常識感が変わり価値観が変化していますから、周囲が変わり、社会の常識が変化しようとしまいと関係がありません。

リセット後は、非常識と思われたことも常識となることをあなたが自覚することが必要です。それでは、自覚する簡単な方法を次に述べます。

過去と今を比較する

それは、**リセットする前と後とを比較する**ことです。

ここでは定年について考えてみましょう。定年前の常識とは何でしょう。組織に属して、職場の意向に沿って働き、序列（役職）の任務を全うし、その対価として報酬を得る。それが当然の常識です。

では定年後はどうでしょう。属する組織はありませんし、誰の意向も気にする必要はなくなります。役職もないので無職です。もちろん報酬もありません。これが定年後の常識です。

定年で退職し、定年前に常識だと思っていたことが、定年リセットと同時に定年前が非常識で定年後が常識になります。

これを自覚（自己の立場、能力、価値、義務、使命などを知ること）するためにはどうしましょう。定年前と後とは常識感のギャップが結構大きいですから。

それは単純な比較をすればいいだけです。**定年前後で、どちらのほうが楽しいですかと。**

定年前（リセット前）が楽しかったという人は、当時の非常識をいまだ引きずっています。一方で、定年後が楽しいという人は今の常識をすでに自覚していることになります。

リセット前の非常識に未練が残るのは、報酬、尊敬、居場所、価値などによるものでしょう。ではここで考えてみましょう。

定年で報酬がゼロになることは相当以前から分かっていることです。でしたら、初めからそれに備えた生活をすればいい。役職に就いていて敬われていると思うのも錯覚です。それは、あなたを尊敬しているのではなく、座っている椅子を尊敬しているだけですから。居場所にしても、本来は自宅で過ごすのがいちばん楽しいはずです。職場に居て楽しいはずはありません。

あとは自分の価値ですが、歳をとれば一般的に社会での存在価値は下がります。役職にしがみつきながら、何とか自分の価値を保とうとしている姿は哀れです。

本当の姿を比較すれば、リセット後の常識感を自覚できます。

本項の要点を以下にまとめました。

- ✔リセット前後では本人の「常識感」と「価値観」が大きく変わる
- ✔リセット後は非常識と思われたことも常識となることを自覚する
- ✔自覚にはリセットする前と後の本当の姿を比較する

捨てた後の自分が、本来の自分であると強く思う

ここでは、「本来の自分」について考えてほしいのです。そもそも本来の自分とは何なのでしょうか。はい、それは**心の声に忠実な自分**のことです。

リセットする前と後とでは、当然あとのほうが本来の自分になっています。心の声に沿ってリセットしたわけですから。

ところが、**リセット後の自分にも迷いが出る**ことがあります。リセットして良かったのかと。これは、リセット後の満足感が低い場合に起こります。リセットした割には、そのご利益が実感できないというケースです。

学校を考えてみましょう。自分の子どもが不登校になった場合に、あなたはそれを良しとして自身をリセットしたとします。でも、このままでは子どもの将来に不安が残りま

す。そこで考えてほしいのですが、あなたは子どもをどうしたいのですか。どうなってほしいのでしょうか。

受験競争に勝って有名大学に入学させたり、立派と言われている企業に就職させたりしたいのでしょうか。あるいは、そのような社会レールに無関係に自由な道を歩ませたいのでしょうか。あなたの心の声はどちらでしょう。

そこには、**本音の声と建前の声**があります。

自分をリセットした後は、本音の声が本来の自分です。

建前のリセットで仕切り直しはできません。

何のためのリセット?

そもそも、自分をリセットしようと思ったのは、今の自身を仕切り直したいと考えたからです。であれば、リセット後の自分が、望む自分以外の何者でもありません。

リセットの大きな目的は、四季折々の変化のように**人生を時々に変えて日々を楽しむ**ことです。

その変化のきっかけとなるのは苦悩や失意のときが最適です。なぜなら、そんなときが無い限り、人は変化しようと思わないからです。

今のままでいい、と普通は考えます。

ですので、**今をリセットしようと思い立つまでには結構なエネルギーが必要**ですし、リセットした後にもリセットする前の状態に向かうベクトルが発生します。

したがって、**仕切り直した後の自分が本来の自分であると強く思うこと**が大事なのです。

ここに本項のポイントをまとめておきます。

- ✔本来の自分は心の声に忠実な自分
- ✔リセット後の自分にも迷いが出ることがある
- ✔建前のリセットで仕切り直しはできない
- ✔リセットの目的は人生の折々を変化させて日々を楽しむこと
- ✔今をリセットしようと思い立つまでにはエネルギーが必要
- ✔仕切り直した後の自分が本来の自分であると強く思うことが重要

仕切り直した自身のライフスタイルを貫く

ここではあなたのライフスタイルについて考えてみましょう。ライフスタイルというのは生活様式です。リセット後のあなたは自分の感性に沿って、季節の花を咲かせたり、ペットと一緒に暮らしたり、野菜を栽培したり、仕事で一花咲かせたりと。仕切り直した後というのはちょうど四季のようなものなのです。春夏秋冬というように自然は変化しますが、**リセット後のライフスタイルも変化します。**同じようなスタイルで。

季節ですと、夏と冬や春と秋とでは見た目がずいぶん違います。ただそこには一貫性があって、「循環」の中で同じことを巡らせています。ライフスタイルも同じで、**リセット後の生活様式を季節のように時々の変化に沿って循環させています。**だから、そのスタイルが継続できるのです。

もし、スタイルまでが変わってしまう（リセットの目標が変わってしまう）と循環が起こらないので**リセットの効果が継続しなくなります。**

つまり、リセット後は自身のライフスタイルを貫く必要があるのです。ただし、前項（検証の項）で書いたように、リセット目標を再び変えたいときは、いつでも変えることができます。

本項ではライフスタイルを「貫く」と書きましたが、貫くというとなんだか「突き通す」とか「最後まで成し遂げる」というような強い印象を言葉から受けます。でも、ここで使った「つらぬく」という意味は、人生折々の変化を楽しもうということです。だって、せっかくリセットしてみたのですから。**まずはそれを楽しんで、**ということです。

以下に本項の要点をまとめます。

- ✔リセット後のライフスタイルは四季と同じように変化する
- ✔季節の循環とリセット後の循環には共通点がある
- ✔リセットの目標を変えてしまうと循環が起こらないのでリセット効果は継続しない
- ✔リセットは人生折々の変化を楽しむためにする

第5章

「人生のリセット」成功のために〝絶対〟に捨ててはいけないこと

❶捨ててはいけないこと

「命」は最も大切なものとして扱う

唐突な質問なのですが、あなたが今ここに生まれてきた確率を知っていますか。

1400兆分の1だそうです。なお、この数字は両親だけを視野に入れていて、生殖可能な男性と女性が生涯で生産できる精子数と卵子数から計算しています。

そして、両親の先祖を計算に加えると10代前の父母の数は2の10乗ですから1024人になります。つまり、1400兆分の1に至るまでにすでに1024分の1の確率での出会いが必要となります。

さらに、地球上で生命が誕生するまでの確率と、宇宙で地球自体が誕生する確率まで含めると、我々がいま**生きている確率は限りなくゼロに近くて奇跡的**なことです。

確率の次は物理です。

高校で「エントロピーの法則」を習ったと思います。熱力学の第二法則のことです。この法則によれば、熱は熱いほうから冷たいほうに向かって流れて、逆はあり得ないということです。

これは何も熱だけに限ったことではなく、例えばインクの一滴を水にたらすと、インクは水の中で拡散します。でも、拡散したインクが一滴のインクになることはないように、逆の現象は起こりません。

つまり、自然界では秩序ある方向から無秩序へと移り変わるというのが、簡単に言えばエントロピーの法則です。

物理の次は生物です。

さて、**生物はこのエントロピーの法則に反して生きている**ことに気づきましたか。もし、生物が物理法則に従っていれば、その最終系は死ですから生きていることはありません。死が生命にとっての安定状態だからです。

でも、生物が生きている間は物理の法則に従いません。我々人間を含め、**常に周囲からエネルギーを吸収し、物理法則に逆らって生きている**のです。つまり、生命は常にリセット状態で活動しています。

これだけ見ても、今ある命の奇跡と大切さと貴さ、休むことなく常にエネルギーを吸収して生きている存在に対して、敬意さえ感じます。

そのような尊い命が、いま生きている我々です。この意味は大きいです。

本項で言いたいことを以下にまとめました。

- ✔いま生きている確率は限りなくゼロに近くて奇跡的なこと
- ✔我々生物は物理が教えるエントロピーの法則に反して生きている
- ✔我々生物は体を常にリセットしながら生きている
- ✔「命」は最も大切なものとして扱うべきもの

❷捨ててはいけないこと
「恩」は倍にして返すという態度を持つ

「恩」は捨てられません。

我々は今日まで生きてきて、周りの人たちからどれだけの恩を受けたことでしょう。親の恩、先生方の恩、職場からの恩、医療従事者からの恩と数えきれません。

私は2002年から2003年にかけて、フィリピンの航空近代化事業に出張していたのですが、ちょうどその間に軍によるクーデター事件がありました。

アロヨ政権のときで、軍はマニラ市内のホテルを占拠して爆弾を仕掛け爆破すると脅す一幕もあったのですが、事件はほどなく終結して街は平常に戻りました。

事件の最中に私はマニラの宿舎に滞在していたのですが、そこにいては危ないということで、現地スタッフたちが私を海岸沿いの堅牢なホテルに移してくれました。日本からの駐在員をはじめ、身を案じてホテルまで駆けつけてくれた現地の友人たちなど、彼らからの恩は今でも忘れません。

恩返しというわけではありませんが、現地で計画していた衛星を使った新しい航法システムの設計図書を一心に完成させ提供してきました。

こんな形での恩返しもありかと思います。多くのフィリピンの人たちが新システムから恩恵を受ければ私にとってはありがたいことです。

第2章で職場の貢献のところに、"Give and Take"について書きました。「まずはあなたから与える。そうすれば、それ相応の見返りがある」という意味で。

恩についてさらに言うと、これはもう"Give and Give"です。

恩を受けたら、ただただ返すことです。

リセットと恩とは一見関係が無いように思われますが、大いに関係があります。というのも、苦悩や何らかの失意の状態で自分をリセットすると、**その結果を誰かに返したいという潜在的な意識が働きます。**

その意識は、知らないうちにあなたを社会への恩返しという方向に導くのです。

ベトナム戦争のころ、現地でまだ子どもだった少女が、ベトナムの多くの人たちが傷ついたのを見ながら難民として日本に渡り、日本の大学の医学部に入って医者になったという話がありました。

彼女は戦争や難民生活という極度の苦悩や失意を、医師になるというリセットで病気に罹った人や傷ついた人々へ恩返しをしているのです。

恩は決して捨てられるものではなく、何倍にもして返すものです。

本項を以下にまとめました。

✔恩はただただ返すもので"Give and Give"
✔リセットと恩とは大いなる関係がある
✔恩は捨てられるものではなく何倍にもして返すもの

❸ 捨ててはいけないこと
「健康」は原動力として利用する

「健康」を捨てて、リセットしようとする人はいません。国連のＷＨＯ（世界保健機関）では健康を次のように定義しています。

「健康とは、完全な肉体的、精神的及び社会的福祉の状態であり、単に疾病又は病弱の存在しないことではない」と。では、何の疾病もなく、かつ肉体的にも精神的にも社会的にも完全に良好な人が、今の日本にどれだけいるのでしょう。おそらく少数、いや、いないのではないでしょうか。つまり、**健康というのは目標**なのです。それを目指そうという。ならば、健康は利用すればいい。**リセットの原動力としてむしろ利用する**のです。

ＳＤＧｓ（持続可能な開発目標）というのがあります。これも国連が策定した開発目標で、２０３０年までに持続可能でよりよい世界を目指す17のゴールを掲げています。その一つに「すべての人に健康と福祉を」というのがあって、そこでは「あらゆる年齢のすべての人の健康的な生活を確保し、福祉を推進する」としています。

このＳＤＧｓの特徴は、世界の誰一人取り残さない（leave no one behind）という点にあって、これはリセットの原動力にすらなります。なぜって、第１章で書いたとおりリセットの基本は次の２つです。

❶失意のときがリセットチャンスであること

❷失敗がリセットによって成功に向かうこと

全世界を巻き込んでいるコロナを見てください。感染の終息に向けて世界の人々が多大な努力をしています。一日も早くコロナを収束（リセット）させるようで、健康な社会に向けて進んでいます。健康がリセットの原動力になっているのです。

本項のポイントを以下にまとめました。

✔健康というのは目標にすぎずリセットの対象にはならない

✔健康は捨てるものではなくリセットの原動力として利用できる

✔健康を原動力として使うためには健康を失ったときがチャンス

❹ 捨ててはいけないこと

「気遣い」なくしてリセットは無理

他者への気遣いがないと、なぜリセットができないのでしょうか。はい、第3章の法則9で「リセットは、他者からの援助がないとできない」と書きました。気遣いはこれに依存しているからです。

他者を気遣ってこなかった人に対して、他者はその人を支援しません。リセットは、自分一人ではできないのです。すなわち、普段から他者への気遣いが必要なのです。

これは国際関係でも同じです。1997年の話ですが、中国の甘粛省に敦煌という街があり、そこに私は空港の調査のため出かけたことがありました。敦煌はご存じかと思いますが、莫高窟という仏教遺跡があり、この遺跡は4世紀から約千年間かけて元王朝の時代までに造られた石窟です。井上靖の『敦煌』という小説でも有名です。

その敦煌で中国側から受けた対応や接遇が気が利いていて心が行き届いたものでした。

相手への気遣いや気配りが感じられます。実はそのような気遣いの背景に、1996年の日本が援助した上海新空港（上海浦東国際空港）設計に対する中国側からの謝意が含まれています。お互いへの気遣いが、リセットへと昇華するのです。

では、気遣うとはどういうことでしょうか。

相手の気持ちを推し量るとか、**自分の利益を考えない**とか、**見返りを求めない**などでしょう。あるいは想像力が豊かなのかも知れません。

これらの習慣は決して捨てないでください。

本項を以下にまとめました。

✔他者への気遣いがないとリセットは無理
✔リセットは自分一人ではできないので普段から他者への気遣いが必要
✔気遣いは相手の気持ちを推し量ること
✔自分の利益を考えないと相手を気遣える
✔気遣いは見返りを求めないこと

❺ 捨ててはいけないこと

「自己（アイデンティティー）」はあなたをブランド化する

我々はみな「自己」を持っています。これは捨てようと思っても捨てられません。それがあなたの個性であり独自性だからです。だから、逆にアイデンティティーを使うことによって自身をブランド化できるのです。

自分をブランド化するとはどういう意味か。よく、ブランド商品とか言いますが、個人をブランド化するとは**「あなたが社会から選ばれ続ける」**ようにすることです。

そのための要素は一つ、**「あなたにしかできないことを持っていること」**です。これは別に難しいことではなく、あなたの人間的な魅力とか、学校であればある科目に秀でているとか、職場であれば文書作成スキルは抜群とか、家庭では独自の料理レシピを知っているなどです。

それは何も、資格があったり、英語を流暢に話せたり、有名企業の役員などであったりする必要は全くありません。

あなたにしかできないことを知ることが、あなたをブランド化する最初です。

ではなぜブランド化する必要があるのでしょう。それは、あなた自身があなたを知るためです。**ブランド化すると、自分の価値がよく分かります。**なぜならば、多くの人は自分についてよく知っていないからです。**本来の自分を知ることで、リセットがより容易になります。**アイデンティティーは捨てるものではなく、ブランド化するものです。

以下に本項のポイントをまとめました。

✔アイデンティティーは捨てるものではなく自身をブランド化するもの
✔個人をブランド化することは「あなたが社会から選ばれ続ける」ようになること
✔ブランド化するためには自分にしかできないことを持つ必要がある
✔まずは自分にしかできないことを知ることがブランド化の第一歩
✔自身をブランド化すると自分の価値が明確になる
✔本来の自分を知ることでリセットがより容易になる

❻ 捨ててはいけないこと
「信頼」なければリセットもない

「信頼」はもちろん捨てられません。そこであなたに質問です。

信頼とは何か？

答えは、**「相手に自分の利害を委ねること」**です。では、なぜ利害を委ねることが信頼につながるのでしょうか。それは、**相手と関係を持つことによって何らかのメリットが期待できる**からです。

ここで、第3章の法則7で述べたゲーム理論を思い出してください。そこではゲーム理論の要素を、「プレイヤー」、「戦略」、「利得」、「情報」の4つと説明しました。

相手に自分の利害を委ねることによって、より多くの利得が得られると判断すれば、信頼関係が成り立ちます。

ただし、これにはリスクが伴います。当然ですよね。委ねた結果、相手から被害を受けることだってあり得るからです。委ねるということは自身が無防備な状態ですから。しかし、相手はそんな危害を加えるはずがない、というところが信頼なのです。

リスクがあるがゆえに信頼があります。

さて、第1章の最後に「謙虚にして、社会への感謝を忘れないことがリセットの始まり」と書きました。周囲に対するあなたの謙虚さと感謝の思いが信頼関係を構築します。

「信頼」が得られないとリセットは難しい。

以下に本項をまとめました。

- ✔信頼とは相手に自分の利害を委ねること
- ✔委ねるというリスクがあるがゆえに信頼がある
- ✔「信頼」が得られないとリセットは難しい

❼捨ててはいけないこと

「希望」は最高の良薬になる

「希望」というと何だか抽象的で漠然とした感じがします。この希望がリセットにどのように作用すると思いますか。

これは私の体験なのですが、52歳のときに進行がんと診断されて、その後何年かして余命を告げられました。こうなると、ある意味での絶望感が湧いてきます。そこで、私がふと思いついたことがありました。

医者を替えることです。余命宣告をした医者から大学病院に変更しました。すると、状況は大きく変わったのです。

病院では2か月に1回の経過観察で検査をするのですが、現在まで3年以上の検査結果を見ると毎回の結果が健康状態へと推移しているのです。

そうなると、絶望は希望に変わります。

理由を考えてみると、精神的な要因しか思い当たりません。薬を用いた特段の治療はしていませんので。それは「希望」という薬ではないかと思うのです。

そこには根拠があって、遺伝子のｏｎ／ｏｆｆスイッチです。これは、このスイッチをｏｎにすることで、体内の状態がより健康な方向へと変わることが知られています。**希望を持つことはスイッチをｏｎにする**ようです。これが自分の体験です。

希望を持つことが次の何かしら新しいことにつながるという仕組みが、我々の体にあらかじめ組み込まれている。これを知るだけで、希望がリセットに対していかに重要かが分かります。**すべてがあらかじめ決定づけられているわけではない**のです。

以下に本項をまとめておきます。

- ✔希望を持つことは遺伝子のスイッチをｏｎにする
- ✔希望が新しいことにつながるという仕組みが体にはあらかじめ組み込まれている
- ✔すべてが初めから決定づけられているわけではない

❽ 捨ててはいけないこと

「情熱」がないと行動できない

あなたの情熱のもとはなんですか。

興味の対象のことです。大学で先生方を見ていると分かるのですが、彼らから研究の話を聞いているとその情熱が伝わってきます。

大学だけではありません。スポーツ選手や舞台俳優など、我々の周りには情熱を持って活動している人たちは大勢います。

その情熱のもととは、私は「好奇心」ではないかと思います。それでは、あなたはどんなことに好奇心があるでしょうか。私の場合、今の好奇心は酒を飲むことです。好奇心の対象は何も高尚なものだけとも限りませんから。「今の」と書いたのはずっとそうであったからではないからです。

つまり、**好奇心の対象は時の経過とともに変わります**し、情熱の対象が複数の人もいます。あるいは、情熱の対象がない人もいるでしょう。

では、好奇心の対象があるなしの理由は何でしょう。あるいは、**情熱の対象がない人は、それにいまだ出会っていない**からだと私は思うのです。あるいは、**出会ったけれども気づかずに逃してしまった**とか。

本項のタイトルに「情熱」がないと行動できないと書きました。**情熱は人生のリセットに好都合です**。なぜって、行動のエネルギーになるからです。

あなたも情熱を持ってリセットしてください。

以下に本項をまとめます。

✔情熱のもとは好奇心
✔好奇心の対象は時の経過とともに変わる
✔情熱の対象がない人はそれにいまだ出会っていない
✔情熱の対象がない人は出会ったけれども気づかずに逃してしまった
✔情熱は人生のリセットに好都合

❾捨ててはいけないこと
「友情」はあなたを進化させる

いきなり、「友情」はあなたを進化（同質なものから異質なものへの発展）させるとタイトルしましたが、どういう意味かと言うと、**友情を交わし合える人がいると、苦悩や失意のときでもリセット後の状態がより発展的に進む**という意味です。

また、第3章の法則9で「リセットは、他者からの援助がないとできない」と書いたように、**友人など支援者がいないとリセットすることが難しい**ということにもなります。

さらに、友情関係の人がいれば、苦悩や失意のときにも悲しみを和らげられるでしょうし、友情があればあなたにアドバイスを与えてくれるかも知れません。

では、友情はどうやって築けると思いますか。相手を尊敬するとか、友人ができるのを待つのではなく自分からその友人になるとか、いろいろな方法があると思います。

私も友人は多くいますが、そのほとんどは、学生時代に一緒に学んだ人や、プロジェクトで共に苦労した人や、意見が異なってけんかした人たちです。

次に友情に関する名言のいくつかを掲げますので味わってみてください。

◇光の中を一人で歩むよりも、闇の中を友人とともに歩むほうが良い。＝ヘレン・ケラー（盲ろうの社会福祉活動家）

◇友情は、人間感情の中で最も洗練された、そして純粋な美しいものの一つだと思う。友情を交わす友人のいることは、その人の人生にとって非常に大きなプラスである。＝本田宗一郎（ホンダの創業者）

◇私たちは皆、互いに助け合いたいと思っている。人間とはそういうものだ。相手の不幸ではなく、お互いの幸福によって生きたいのだ。＝チャーリー・チャップリン（映画俳優）

では本項を以下にまとめておきます。

✔友情を交わせる人がいると、苦悩や失意のときでもリセット後の状態が発展的に進む

✔友人など支援者がいないとリセットすることが難しい

⑩捨ててはいけないこと

「幸運（セレンディピティー）」は呼び寄せるもの

セレンディピティーなんて聞き慣れない言葉かも知れません。

幸運というより、思いもよらないで起きる幸運的な出来事といった意味合いですので、単なる幸運とは違います。

そんなものが呼び寄せられるのかと思うかも知れませんが、できます。

ちょっとした**心の準備をしておくとセレンディピティーは起こりやすくなります。**どんな準備か？　簡単です。

適切な場所に身を置いて自分の身の回りのことに意識を向けることです。自分の出会いたい人がいるようなパーティーに参加して、この人と思う人に意識を向けるとか。

これは私の例ですが、とある船上パーティーに参加して思いどおりの人に出会いました。その人が別の人を紹介してくれて、また次の人を紹介してくれるといった具合に、友人の輪が広がっていきました。その後から上昇気流が続くようになりました。

リセットしようとする人たちは、どうも自分のことに目や気持ちを向けがちなので、このセレンディピティーを実践してみるといいでしょう。

いろいろな仕方がありますので、ネットで自身にいちばん合いそうな方法を見つけてみてください。

幸運は向こうからは来ません。こちらから呼び寄せないと。

以下に本項をまとめておきます。

- ✔セレンディピティーは思いもよらないで起きる幸運的な出来事
- ✔心の準備をしておくとセレンディピティーは起こりやすくなる
- ✔適切な場所で身の回りのことに意識を向けるだけでもセレンディピティーに近づく
- ✔リセットしようとする人は自分のことに目や気持ちを向ける傾向がある
- ✔幸運はこちらから呼び寄せないと来ない

第6章

「宇宙観」という視点で人生をリセットすれば〝幸せ〟になれる

世界観はもう古い！これから必要なのは「宇宙観」

「世界観」というと、あなたは何を連想するでしょうか。

例えば「今の世界は自分にとってどういう意味があって、自分はどんな役割を果たすことを期待されているのか」という問いに対する答えではないでしょうか。

では、あなたにとって「世界」とは何なのでしょう。

おそらく、日本を含めたそれ以外の国々や、そこで起こっている出来事を意味すると思います。私が政府開発援助の仕事でアジア、中東、アフリカなどを訪れて感じたのは、東洋における世界観とかイスラム社会での世界観や西洋の世界観には大きな隔たりがあることなのです。

それはおそらく、自然や社会に対する人々の価値基準が背景にあるからだと思います。

私が中東のヨルダン王国の首都アンマンに長く滞在していたときのことです。毎日、日の出前から祈りの音声がモスク（礼拝堂）からスピーカーで流れてきます。礼拝は日没まで約5回行われ、事務所に勤務する現地スタッフたちもその時間に合わせてオフィスでひざまずきながら祈ります。

これって、我々仏教文化の日本人にとってはかなり異質に感じます。このように、社会に対する価値基準は多かれ少なかれ、人々が生活する世界観が日々の生活様式に依存しているということです。

そして、自然や社会に対する人々の価値判断は、大なり小なり特定の世界観を背景にしています。

ここで考えたいのは、かように異なる**世界観に沿って自分をリセットするよりも、もっと違う次元からのリセットがあるのではないか**という期待感です。

世界観という幻想

そこで、我々が住んでいるこの地球について考えてみたいのです。地球そのものは、宇宙空間に浮かんでいて、太陽の周りを1年かけて回っています。そして、太陽の周りには順に水星、金星、地球、火星、木星、土星、天王星、海王星があります。さらに、この太陽系の外には銀河系があって約2000億の星に囲まれ、銀河系にはマゼランやアンドロメダなど、我々のご近所さんの銀河系があります。

いちばん近いお隣のアンドロメダ銀河まで宇宙船で行こうとすれば、光のスピードを出しても250万年かかる距離です。さらに宇宙のいちばん遠くまで行こうとすると、138億年かかります。

そのような環境下にいる我々は、その環境に合った生き方なり生活様式があると私は思います。国際開発の仕事をしていると、国単位での発展を念頭に開発作業を進めてしまいますが、これは地球を考えてみると極めて局所的なリセットです。

もし、地球全体を俯瞰したうえで国のリセットをしようと思えば、その方法はおそらく異なるはずです。

私が参加した東北タイの地域開発、フィリピン西中部ルソンの開発、スリランカ南部地域の開発など一連の開発では、それぞれ地域の開発計画を立て行動プランを作って、資金調達の方法を考えて実行するのですが、それは地域最優先の計画になります。

当たり前です。その地域の開発計画なのですから。計画の際にはせいぜい周辺国との関連性を考えるぐらいです。

ただ、これですと地球全体を見渡していない。地球を見ると結論も変わると思います。これは我々個人でも同じことで、リセットの場合は何らかの世界観に照らし合わせてリセットの方法を考えるものです。

世界観という大げさなものでなくとも、社会の見方や周囲の状況からリセットを考えます。**もっと広い視点から見ると判断も変わります。**

世界観などない、という人もいるかも知れません。

アメリカの大統領選があったとします。自分は民主党候補がいいとか共和党候補だとかの意見があります。それは世界観を介しての意見です。誰が当選しようとどうでもいいという人もいると思いますが、その人たちだって「どうでもいい」という世界観を持っているじゃないですか。

つまり、程度の差はあるものの、各自には世界観があるのです。

ここでは世界観をさらに広げた「宇宙観」でリセットを考えてみましょう。

宇宙は過去と現在と未来が、同時に存在する空間

宇宙観？

そんなものがあるのかって。はい、あります。

宇宙観というのは、宇宙を秩序ある調和のとれたシステムとみなす考え方です。ここではそれに時間軸を加えてみます。

それとリセットとどんな関係があるの？　はい、あります。

宇宙は過去と現在と未来が同時に存在する空間です。

地球から1万光年離れた星があるとしましょう。我々がいま見ているのは1万年前の星の姿です。そして、千年前の姿はいまだ分かりません。あと9千年しないと我々からは見えないからで、地球から見れば未来の出来事になります。でも、その星にとってはすでに過去の出来事です。

このように、宇宙の空間は過去と現在と未来が同時に存在する空間です。

では、我々がリセットする場合を考えてみてください。

そのときは自分の過去と現在の状況から、今をリセットしようと思ってそうしたわけです。ここに宇宙観を入れるということは、**自分の過去と今に加えて将来も含めて考えること**になります。

そうすると、**リセット内容に広がりが出てくる**のです。

宇宙というと広大で壮大すぎると思われるかも知れませんので、もっと身近なところで見てみましょう。

それは、飛行機からの眺めです。航空機で海外旅行をすると、搭乗している間は国境を感じません。

これは平面ではなくて空間を移動しているからです。この空間を空域と呼んでいますが、これをごく近くにある宇宙空間としてみましょう。

宇宙は三次元空間なので、この次元でのリセットについては次項で考えてみます。

平面地図を捨てて、三次元空間で思考する

飛行機から外を見ているとき、国境を感じないのは、地図のような国境線が地上に描かれていないから、というのは当然です。実はそれだけではないのです。

航空機が国をまたいで飛行できるのは、飛行情報区（ＦＩＲ：Flight Information Region）という空間があるからなのです。このＦＩＲというのは、各国が自国の管制空域を定めて相互に認証した空間なので、領空とは異なります。

領空は、自国の領土の上空部分ですが、ＦＩＲは、各国が協力して飛行機を安全に飛ばすために作られた空間です。

そこで考えたいのは、あなたが飛行機だと思ってください。普段は地上を歩いていますから、川とか道路とか信号などで移動の制限を受けます。人生のリセットを思い立つとき

には、その制約条件を意識しながらリセットの判断をします。

ここで、あなた自身が飛行機のようであれば、その意識は持たないはずです。空の空間には障害物が何もありませんから。**リセットの判断とリセット後の自由度が大きく増すことになり、目的地も明確です。**

例えば、職場でつらい仕事をしていて、辞めたいけれども辞められない。辞められない理由は、親の反対や次の職が得られるかどうかという不安や、食えなくなるのではないかという心配でしょう。

これは私が最初の職場を去るときの状態です。

そのときの自分は宇宙観などというものは全くなかったに違いありません。ただ、今からの振り返りになるのですが、結局はその職場を去っています。

これはちょうど、転職の不安が地上での障害物であるように、空を飛べばそれらは無くなるというのと同じことだと思うのです。

そこでこの私の転職とＦＩＲの関係についてもう少し説明します。

ＦＩＲは国連のＩＣＡＯ（国際民間航空機関）により設定された、航空機の航行に必要な各種の情報の提供と事故のときに捜索救難活動が行われる空域です。このようなものがなぜ転職と関係するのでしょうか。はい、大いに関係します。それは、このＦＩＲを我々が生活している社会に置き換えると分かりやすくなります。

この社会では、私が転職する際に経験した親の反対や、次の職が得られるかどうかという不安、食えなくなるのではないかという心配などが転職の障害になります。

ただ、社会にはセーフティーネットがあって、我々の活動を支援するシステムがある程度備わっています。

次の職を探すにしても、無職になった場合でも何らかの支援が得られることで、この社会はＦＩＲに似ています。ＦＩＲはまさに航行を支援する空間で、航空機はその支援を得ながら飛行することができています。

当時の私は、知らずしらずのうちに、社会のセーフティーネットを利用して転職をしたことになります。

このように、**三次元空間での志向がリセットをより安全な航海へと導きます。**

では、次により安全な人生航海についてＦＩＲの視点から見てみましょう。

空から人生を俯瞰すると、捨てるものが見える

我々の社会をＦＩＲと見立てましたが、ＦＩＲには通信（Ｃ：Communication）、航法（Ｎ：Navigation）、監視（Ｓ：Surveillance）というＣＮＳと呼ばれる機能が備わっています。

Ｃはパイロットと管制官との交信で、問題なく飛行しているかどうかの確認。

Ｎは地上からの誘導で、航路を正しく進めるようなガイダンス。

Ｓは正しく移動しているかを地上から見守る機能です。

これらの機能がＦＩＲにあるから、航空機は目的地にちゃんと到着できるのです。言い換えれば、地上からの支援なくして飛行はできません。

我々も同じです。第３章の法則９で書いたように、リセットは他者からの援助がないと

無理です。ここでちょっと、あなたが飛行機になったつもりで飛んでいる風景を描いてみてください。地上からの援助、すなわち他者からの支援が必要なことが分かります。

では、捨てるものはどうでしょう。

飛行機はまっすぐに飛んでいるわけではありません。目的地に向けて常に方向を変えて進路をリセットしています。

これは人生のリセットに該当します。

航空機の場合は目的地がはっきりしていますから、いつどこで方向を変えればいいかをあらかじめ決めています。

人生の場合でも、目的地さえ明確であれば**リセットのタイミングと目標がよりはっきりします。**

さて、飛行機が飛ぶときには何を捨てているのでしょう。

もちろんジェット燃料（ケロシン）です。ケロシンを飛行するためのエネルギーに替えながら航行を続けています。

我々一人ひとりが飛行機だとすると、捨てるものは何なのでしょうか。

それは生きるために必要なエネルギーです。例えば、仕事。ここから報酬を得ています。あるいは家庭。ここから安らぎを得ています。

「人生をリセットする」とは、いま享受しているエネルギーを再考して、今のまま飛行を続けるかどうかを判断することです。

判断を誤ると飛行機は落ちますから。

このように、人生リセットの際に捨てようと考えたものは、初めから不用であったわけではなく、使い終わったから捨てるものです。

使い終わったかどうかは各自が決めることです。

私の例ですが、定年退職のときがありました。

その後も5年や10年の飛行は可能でしたが、その前に目的地がありましたので、飛行を継続せずに着陸しました。

私の場合、目的地は東大でした。

このように、飛行している気分で今の自分を俯瞰すると、これからの目標がはっきりして捨てるものが見えやすくなります。

宇宙はいつもダイナミックにリセットしている

宇宙は秩序ある調和のとれたシステムと書きました。それは正しいのですが、一方で宇宙は常に絶え間なくダイナミックに変化しています。電磁波や宇宙線、ニュートリノなどさまざまな粒子が常に乱舞している状態です。

それによって宇宙の秩序と調和が保たれています。

つまり、**宇宙自体が常にリセット状態にある**ということです。

そのような中に我々は生きています。これを現代社会のダイナミズム（内に秘めたエネルギー）に当てはめてみましょう。

社会が宇宙だと考えてみてください。

その社会では周囲との衝突が起こったり、不和が生じたりするのが常です。でも、それは当然であって、組織やシステムが秩序や調和を維持していくためには、ダイナミックな変化がどうしても必要なのです。

その変化は我々人でいうところの人生リセットであり、社会でいうところの変革であり、宇宙でいうところのダイナミズムです。


日常の我々は、政治や経済、職場や家庭環境、自身の健康状態などで次の活動を考えています。次なる活動に支障を及ぼすことが予想される場合、あるいはすでに支障が及んだときにはその後をリセットすることを考えます。

ここで宇宙を見てみます。

宇宙は日常的にダイナミックに変化して、秩序や調和を保っていることに注目する必要があります。それに倣(なら)えば、我々もリセットするときが来るまで待つ必要もなく、日々、より良い方向へとリセットすればいいのではないでしょうか。

そのほうが、リセットのエネルギーが小さくて済みますから。

これが宇宙観から見たリセットです。**日々が仕切り直しのとき**です。

では、日々リセットするにはどうすればいいのでしょうか。

それは、他者との関係性から生じます。

これは宇宙を見れば分かります。近いところで、地球の周りには月がいます。隣には金星と火星があります。ちょっとでもそれぞれの引力が変化したら、ぶつかってしまうか遠ざかってしまいます。

我々も他者との関係性のなかで、日々の生活を営んでいます。ですので、日々その関係性を保たないと衝突するか離別するかになってしまいます。我々の場合、引力に該当するのは好奇心です。

好奇心については第5章の❽に書きました。

そうです、宇宙の中に存在している我々は、**リセットの法則以前に宇宙の自然法則に倣う必要がある**のです。

そのために必要なのが「宇宙観」なのです。

我々は、宇宙の自然法則に則して生きている

最後の項は太陽の話になりますが、太陽というのは常にエネルギーを放出しています。そうしないと自らのエネルギーで爆発するからです。

つまり、太陽はエネルギーを捨て続けることによって自らを保っているのです。太陽にとっては捨てることが存続することなのです。

同じことは我々にも言えて、第2章で書いたように捨てるものが多くあります。もし、これらを捨てないままにいると、太陽のように自己爆発すると思います。

リセットしないでいると、いつかは自己矛盾が生じて社会での生活が難しくなります。

このように、宇宙で起きている現象は現在起きている我々の社会に当てはまります。これが、宇宙観から自分の生き方をリセットすべき理由です。

なぜって、地球上で生活する我々は、宇宙の自然法則に則して生きているからです。

以下に本章をまとめました。

✔世界観に沿って自分をリセットするよりも、宇宙観からのリセット方法がある

✔宇宙観という広い視点から見るとリセットの判断も変わる

✔宇宙観でリセットするためには、宇宙が過去と現在と未来とが同時に存在する空間という理解が必要

✔宇宙観という三次元空間での志向がリセットをより安全な方向へと導く

✔宇宙自体が常にリセット状態にあるという認識を持つこと

✔宇宙観を知れば、日々が仕切り直しのときであることが分かる

✔リセットの法則以前に宇宙の自然法則に倣う必要がある

✔リセットしないでいると、いつかは自己矛盾が生じて社会での生活が難しくなる

おわりに

ここまで読んでいただき、ありがとうございました。

最後に、この「リセットの法則」に沿って起こったことを、私自身の体験として終わりたいと思います。

自分の人生というものは、社会のなかで営まれるので、ちょうど海を航海する船のようなものだと、若いころは感じていました。

社会人となり、各国への開発援助業務をするようになると、国の立場や営みも我々一人ひとりと同じで、波もなく順調に航行しているときがあると思えば、あるときは荒波に遭遇することもあると感じるようになりました。

そんなある日、フィリピンの地方で開発調査をしていたとき、昼時で椰子の木の下に座ってひとり休んでいると、7人ぐらいの子どもたちが「何してるの?」みたいに近寄って来たのです。当時のフィリピン、特に地方は決して豊かではなく、子どもたちにしてもそれなりの悩みなどがあったと思います。

でも、なんて明るくて屈託がないことか。

フィリピンだけではありません。例えばパプアニューギニアです。休日にラバウル島でシュノーケリングしていたのですが、子どもたちが興味津々とばかりに集まってきました。よく見ると、遠くには大人たちも居るではないですか。私が手を振ると彼らも笑顔で手を振って応えてくれました。その素敵な笑顔が今でも忘れられません。

フィリピンにせよパプアニューギニアにせよ、当時は多くの問題や課題を国として抱えていました。でも、そんな中で人々はなんて明るくたくましく暮らしているのでしょう。

本書では、苦悩や失意のときの人生リセットについて書きましたが、我々人間には本来、自身を日々リセットする力が組み込まれていると思うのです。

私の場合、放浪、重労働、転職、不治の病などいくつかの失意のときを経験してきましたが、その時々にどうすればいいのかを当時は体系的に知っていたわけではありません。

しかし、いま振り返ると、人生を本能的に仕切り直していたということに気づきます。本書は、それを分かりやすくまとめたにすぎません。

フィリピンやパプアニューギニアだけではもちろんなく、私が訪れた多くの国とそこに暮らす人々。イラク、インドネシア、ミャンマー、ベトナム、ラオス、カンボジア、ウクライナ、インド、中国、イラン、ネパール、マラウイ、ヨルダンなど、共通しています。

それらの国々を介して私が体験できたのは、そこに暮らす一人ひとりが持っている苦悩や失意に彼らがどう接していたかを知ったことです。

私は、自身の苦悩に対して彼らから教えてもらったことがあまりにも多く、これを同じような境遇にある人たちに伝えたかったのです。

「リセットの法則」というと何だか大げさな感じがして、私もこの言葉を使うのには躊躇がありました。でも、本書を書いているうちに、この法則に普遍性があることが分かってきたのです。

なぜって、普遍性というのは誰にも共通する性質です。我々の日々の暮らしにおいては常に明日に向けて今をリセットしようとする力が働いていることを知りました。

これは日本だけでなく、海外に暮らす人たちも全く同様です。それは、私が開発援助業務を通じて体験してきたことで、彼らの今も知っています。

本書で述べた「リセットの法則」は、そういう意味での普遍性があるということが彼らの今を見ても分かります。

私は、工場現場作業員として社会に出て、エンジニアで海外を歩き回り、政府開発援助で外交をし、今は東大でがんの研究をしていますが、未来にがんとの共存を考えるとワクワクして眠れないのです。

がんが病気ではなく、我々の仲間であると思えるときが来ると思うからです。

自分の人生を四季折々の変化のようにリセットしてきた今が、とても幸せに思えてなりません。

２０２０年10月　　オックスフォードタニグチ

著者／オックスフォードタニグチ

1953年、東京生まれ。東京大学大学院客員研究員、ライフリフォームコンサルタント、技術士。都立高校を卒業後、2年間の放浪生活ののち東海大学工学部に進学。製薬会社の工場作業員として採用されるも激務で翌年に退職後、英語力を買われてNEC（日本電気）で航空システムの設計に従事。その間に、英国オックスフォード大学に留学。その後、政府開発援助に携わり、延べ100か国以上を踏査する。52歳のときに血液のがんと診断されるが、60歳定年を目前に東京大学大学院に入学。現在は、客員研究員としてアジアのがん研究に従事している。

ブックデザイン&DTP◉桜庭文一（ciel inc.）
校正◉小川かつ子

リセットの法則
人生100年時代を生き抜く力

発行日　2020年11月5日　第1刷発行

著　者　オックスフォードタニグチ
発行者　清田名人
発行所　株式会社内外出版社
〒110-8578 東京都台東区東上野2-1-11
電話 03-5830-0368（企画販売局）
電話 03-5830-0237（編集部）
https://www.naigai-p.co.jp/
印刷・製本　中央精版印刷株式会社

ISBN 978-4-86257-538-8　C0095